ISIS
का आतंक

ISIS
का आतंक

पैट्रिक कॉकबर्न

प्रकाशक

प्रभात प्रकाशन प्रा. लि.

4/19 आसफ अली रोड, नई दिल्ली–110002

फोन : 23289777 • हेल्पलाइन नं. : 7827007777

इ–मेल : prabhatbooks@gmail.com ❖ वेब ठिकाना : www.prabhatbooks.com

संस्करण

2025

अनुवाद

नजमुस शहर

मूल्य

तीन सौ रुपए

मुद्रक

नरुला प्रिंटर्स, दिल्ली

★

ISIS KA AATANK
by Patrick Cockburn
Hindi Translation of The Rise of Islamic State

Published by **PRABHAT PRAKASHAN PVT. LTD.**
4/19 Asaf Ali Road, New Delhi-110002
by arrangement with Left Word Pvt. Ltd.

ISBN 978-93-5186-809-5

₹ 300.00

भूमिका

सन् 2014 की गरमियों में, सौ दिन की समयावधि में, दि इसलामिक स्टेट ऑफ इराक और लेवांत (ISIS) ने मध्य-पूर्व की राजनीति को बदल दिया। जेहादी लड़ाकों ने धार्मिक उन्माद और सैन्य कौशल के साथ इराकी, सीरियाई और कुर्दिश बलों के विरुद्ध महत्त्वपूर्ण व अनपेक्षित विजय हासिल की। ISIS का सीरिया और इराक में सरकार के सुन्नी विपक्षियों पर प्रभुत्व हो गया, क्योंकि इसका ईरान से लगती इराक की सीमा से लेकर इराक, कुर्दिस्तान और सीरिया के सबसे बड़े शहर अलेपो की सीमा तक विस्तार हो गया। इस तीव्र उत्थान के दौरान ISIS ने ऐसा व्यवहार किया, मानो यह अपनी ही विजय से मदमस्त हो। इसे अपने शत्रुओं की बढ़ती सूची की कोई परवाह नहीं थी, जिससे कट्टरपंथियों से भय की सामान्य भावना के कारण लंबे समय तक प्रतिद्वंद्वी रहे अमरीका और ईरान पास आ गए। सऊदी अरब और खाड़ी के अन्य राजतंत्र भी सीरिया में ISIS के विरुद्ध अमरीका के हवाई हमले के साथ हो गए, क्योंकि उन्हें लगा कि उनके अस्तित्व और मध्य-पूर्व में यथास्थिति को सन् 1990 में सद्दाम हुसैन द्वारा कुवैत पर किए गए आक्रमण के बाद सबसे ज्यादा खतरा इस समूह से है।

सीरिया और इराक लगभग विखंडन के और निकट पहुँच गए, क्योंकि उनके विभिन्न समुदायों—शिया, सुन्नी, कुर्द, अलावाइट और

ईसाई, को यह लगा कि वे अपने अस्तित्व के लिए लड़ रहे हैं। इसलाम धर्म के अपने विशिष्ट और सांप्रदायिक रूप के अनुपालन के लिए निष्ठुर ISIS ने सभी को, जिसे इसने 'धर्मांतर' या 'बहुधर्मवादी' के रूप में निशाना बनाया या जिसने सिर्फ इसके नियमों का विरोध भर किया, उसे या तो मार दिया या भाग जाने के लिए विवश कर दिया। इसके नेता दशकों से इराक और सीरिया में चले युद्ध की उपज थे और आत्मघाती बमवर्षा से सोच-समझकर हासिल की गई शहादत इसकी सैन्य रणनीति की केंद्रीय और प्रभावशाली विशेषता थी। विश्व ने चालीस वर्ष पहले कंबोडिया में खमेर रुज द्वारा अपने विरोधियों को आतंकित करने के लिए सार्वजनिक हिंसा के प्रयोग जैसी घटना नहीं देखी है।

10 जून, 2014 महत्त्वपूर्ण दिन था, जब ISIS ने चार दिन की लड़ाई के बाद इराक की उत्तरी राजधानी मोसुल पर कब्जा कर लिया। 23 सितंबर को अमरीका ने अपनी हवाई शक्ति का विस्तार सीरिया तक कर दिया, ताकि जेहादियों के विस्तार को रोका जा सके। इन दोनों घटनाओं के बीच 105 दिनों के समय के दौरान ISIS ने इराक और सीरिया में तांडव मचा दिया। इसने बड़ी आसानी से अपने शत्रुओं को पराजित कर दिया, जबकि उनकी संख्या अधिक थी और वे तुलनात्मक रूप से अच्छी तरह सैन्य दस्तों से लैस थे। जैसा कि अपेक्षित था, इसने अपनी विजय का श्रेय दैवी हस्तक्षेप को दिया।

इसके विपरीत इराक की सरकार के पास 3,50,000 सैनिक थे, जिस पर सरकार ने सन् 2011 से अब तक तीन वर्षों में 41.6 अरब डॉलर खर्च किए थे। लेकिन यह बल किसी महत्त्वपूर्ण प्रतिरोध के बिना धराशायी हो गया। उनकी उतारी गई वरदियाँ और अस्त्र कुर्दिस्तान जानेवाली सड़कों पर इधर-उधर बिखरे पड़े थे। दो सप्ताह के भीतर कुर्दों के नियंत्रण से बाहर रहनेवाले पश्चिमी और उत्तरी इराक के वे

हिस्से अब ISIS के कब्जे में थे। उस माह के अंत तक, नए राज्य ने यह घोषणा की कि इसके द्वारा खिलाफत की स्थापना की जा रही है, जिसका विस्तार इराक और सीरिया में अंदर तक होगा। इसके नेता अबू बर्क अल-बगदादी ने कहा कि यह एक ऐसा राज्य है, जिसमें अरबी और गैर-अरबी, श्वेत और अश्वेत, पूर्व और पश्चिम दोनों तरफ के सभी लोग भाई-भाई हैं।'''सीरिया सिर्फ सीरियाई लोगों का नहीं है और इराक सिर्फ इराकियों का नहीं है, बल्कि यह धरती अल्लाह की है।

अल-बगदादी के शब्दों में सैन्य विजय की मदहोशी थी, जो सैनिकों द्वारा वीरतापूर्वक लड़ने और सीरिया व इराकी कुर्दिस्तान में अपने विरोधियों को पराजित करने के बाद बढ़ी थी। अगस्त में, कुर्द की राजधानी इरबिल पर ISIS के खतरे ने इराक के भीतर अमरीका हवाई हमले को प्रेरित किया, जिसका 23 सितंबर तक सीरिया तक विस्तार हो गया। हो सकता है कि अमेरिका का हवाई हमला ISIS को निकालने या उसकी ताकत के विस्तार को रोकने के लिए पर्याप्त न रहा हो, लेकिन इसने लड़ाकों को अर्द्ध-पारंपरिक लड़ाई का त्याग करने को विवश किया, जिसमें गाड़ियों की औचक श्रृंखला द्वारा लड़ाई लड़ी जाती है (प्राय: इराकी सेना से छीने गए अमेरिकी हमवीस)। ये गाड़ियाँ सशस्त्र लड़ाकों से ठसाठस भरी होती थीं; बल्कि ISIS ने एक बार फिर गुरिल्ला लड़ाई को अपना लिया, जिसमें उसे अब बशर अल-असद, सीरियाई कुर्दों या अन्य सीरियाई विद्रोही समूहों के विरुद्ध तीव्र निर्णायक प्रहार करने की उम्मीद नहीं थी, जिनसे यह जनवरी 2014 से ही आतंक विद्रोही गृहयुद्ध में लड़ रहा था।

उन 100 दिनों के दौरान इराक का राजनीतिक भूगोल अत्यंत द्रुत गति से बदल गया और इस बदलाव के चिह्न हर जगह थे। बगदाद के लोग खाना बनाने के लिए प्रोपेन गैस का प्रयोग करते हैं, क्योंकि बिजली

की आपूर्ति भरोसेमंद नहीं है। शीघ्र ही किरकुक से आनेवाले गैस सिलिंडरों का वहाँ काफी अभाव हो गया। उत्तर से आनेवाली सड़क को ISIS लड़ाकों द्वारा काट दिया गया था। कुर्दिश की राजधानी इरबिल से बगदाद 200 मील आने के लिए एक ट्रक का एक ओर का किराया अब 10,000 डॉलर देना पड़ता था, जबकि पहले पूरे एक माह के लिए यह किराया सिर्फ 500 डॉलर होता था।

इस बात के पर्याप्त संकेत मिल रहे थे कि इराकी एक ऐसे भविष्य से भयभीत थे, जिसमें हिंसा की आशंका थी, क्योंकि हथियार और गोला-बारूद की कीमत बहुत तेजी से बढ़ रही थी। ए.के. 47 एसाल्ट राइफल की एक गोली की कीमत तीन गुना बढ़कर अब 3,000 इराकी दीनार या 2 डॉलर हो गई। हथियारों के सौदागरों से अब कलाश्निकोव्स खरीदना लगभग असंभव हो गया, यद्यपि पिस्तौल अभी खरीदा जा सकता था, लेकिन पिछले सप्ताह की तुलना में तीन गुना कीमत पर। अचानक लगभग सभी लोग अपने पास बंदूक रखने लगे, यहाँ तक कि इराक की तोंदिल, सफेद कमीजधारी यातायात पुलिस भी अब मशीनगन लेकर चलने लगी थी।

अनेक सशस्त्र व्यक्ति, जो बगदाद की सड़कों और अन्य शिया नगरों में प्रकट होने लगे, वे शिया लड़ाकू थे। कुछ तो असैब अह्ल-अल-हक के लोग थे। यह शियाओं के लोकप्रिय राष्ट्रवादी धार्मिक आंदोलन मुक्तद-अल-सद्र से अलग हुआ असंतुष्ट समूह था। इस संगठन पर प्रधानमंत्री नूरी अल-मलिकी और ईरानियों का नियंत्रण था। यह राज्य के सुरक्षा बलों और राष्ट्रीय के धराशायी हो जाने की पैमाइश थी, जिस पर सरकार राजधानी की रक्षा के लिए एक सांप्रदायिक बल पर भरोसा कर रही थी। हास्यास्पद रूप से इस क्षण तक प्रधानमंत्री के रूप में मलिकी की कुछ उपलब्धियों में सन् 2008 में शिया लड़ाकों को

परास्त करना था; लेकिन अब वे उन्हें वापस सड़कों पर लौट आने के लिए प्रोत्साहित कर रहे थे। शीघ्र ही रात में शव फेंके जाने लगे। उनके आईकार्ड उतार दिए जाते थे और उन्हें लड़ाकू मृत्यु दस्ते का सुन्नी शिकार माना जाता था। ऐसा लग रहा था कि इराक एक ऐसे गड्ढे की ओर फिसलता जा रहा था, जिसमें उन लोगों के बीच सांप्रदायिक कत्लेआम और उसकी प्रतिक्रिया-स्वरूप उनकी प्रतिद्वंद्विता बढ़ सकती है, जिससे सन् 2006-07 के दौरान शिया व सुन्नी के बीच गृहयुद्ध हुआ था।

सन् 2014 में ISIS के 100 दिन इराक के इतिहास में एक भिन्न अवधि के अवसान को इंगित करते हैं, जिसका आरंभ मार्च 2003 में अमेरिका और ब्रिटेन द्वारा सद्दाम हुसैन का तख्ता-पलटने के लिए किए गए आक्रमण के साथ होता है। तब से ही इराक में विपक्ष द्वारा पुराने राज्य और उनके विदेशी सहयोगियों को सत्ताच्युत करने का प्रयास किया जाता है, ताकि एक नए इराक का निर्माण किया जा सके, जिसमें तीनों समुदायों की सत्ता में भागीदारी हो। यह प्रयोग बुरी तरह विफल रहा और ऐसा लगता था कि इस परियोजना को पुनर्जीवित नहीं किया जा सकता है; क्योंकि शिया, सुन्नी और कुर्दों के बीच अब युद्ध रेखा बहुत ही स्पष्ट थी और उनके संबंध बहुत ही बिगड़ चुके थे। इराक के भीतर शक्ति-संतुलन बदल रहा है। उसी तरह राज्य की वास्तविक सीमाएँ भी, जिसमें कुर्दिस्तान का विस्तार हो रहा है और उसकी स्वतंत्रता भी लगातार बढ़ रही है। कुर्दों ने अवसरवादी रूप से इस संकट का प्रयोग उन क्षेत्रों को प्राप्त करने के लिए किया, जिन पर वे हमेशा से अपना दावा जताते रहे हैं और इराक की सीरियाई सीमा का अब कोई अस्तित्व ही नहीं है।

भय उत्पन्न करने के मामले में ISIS माहिर हैं। इस समूह द्वारा तैयार की गई उन वीडियो क्लिपों ने, जिसमें इनके लड़ाकों द्वारा शिया

सैनिकों और ट्रक ड्राइवरों को फाँसी देते हुए दिखाया गया है, मोसुल और टिकरित पर कब्जे के दौरान शिया सैनिकों को आतंकित करने और उनका मनोबल तोड़ने में इसने प्रमुख भूमिका निभाई। फिर इसके बाद ISIS ने अगस्त में कुर्दिस्तान रीजनल गवर्नमेंट के कुर्द सैनिकों को प्रताड़ित करनेवाले चित्र इंटरनेट पर डाले। लेकिन इस भय के कारण ISIS के बहुत सारे विरोधी, जो पहले एक-दूसरे के शत्रु थे, एकजुट हो गए। इराकी, अमरीका और ईरानी अभी भी एक-दूसरे की सार्वजनिक रूप से निंदा करते हैं; लेकिन जब सितंबर में बगदाद के उत्तर में ईरानियों द्वारा नियंत्रित शिया लड़ाकों ने अमेरली के शिया तुर्कमान शहर पर से ISIS की घेराबंदी को खत्म करने के लिए आक्रमण किया तो ISIS के ठिकानों पर अमेरिकी हवाई हमले के कारण ही उनकी उस ओर बढ़त संभव हो पाई। जब बदनाम इराकी प्रधानमंत्री नूरी अल-मलिकी के स्थान पर हैदर अल-अबादी को उसी दौरान सत्तारुढ़ किया गया तो इस बदलाव को वाशिंगटन और तेहरान दोनों का समर्थन मिला। मलिकी ने कुछ समय के लिए बगदाद में अपने वफादार सैन्य इकाइयों को एकत्रित करके अपने सत्ताच्युत किए जाने का प्रतिरोध करने का विचार किया। लेकिन उसे शीघ्र ही ईरानी और अमेरिकी अधिकारियों द्वारा तख्तापलट करने के विरुद्ध चेतावनी दी गई।

निस्संदेह अमेरिकी और ईरानी प्रवक्ता इस बात से इनकार करते हैं कि उनके बीच कोई सक्रिय सहयोग है। लेकिन अभी तो ISIS के प्रति इन दोनों की नीतियाँ समान हैं और वे आपस में संवाद के लिए तीसरे दल या खुफिया सेवाओं का प्रयोग करते हैं। यह सचमुच में नया नहीं है। इराकी हमेशा ही यह व्यंग्यपूर्वक कहते हैं कि जब इराक की बात होती है तो ईरानी और अमरीकी एक ही टेबल पर एक-दूसरे पर चिल्लाते हैं और टेबल के नीचे एक-दूसरे से हाथ मिलाते हैं। इस तरह के

षड्यंत्र की कई कहानियाँ हैं; लेकिन यह सच है कि जब एक ओर अमरीका और उसके यूरोपीय सहयोगियों के बीच संबंधों की बात होती है और दूसरी ओर ईरान व सीरिया की सरकार के साथ संबंध की बात होती है तो वाशिंगटन की कथनी और करनी में पहले की तुलना में आज कहीं ज्यादा अंतर है।

कुर्दों पर ISIS के आक्रमण और विशेष रूप से अगस्त के आरंभ में कुर्दों के आक्रमण ने इराक में अमरीका की संलिप्तता के इतिहास में एक नया अध्याय खोल दिया है। इराकी सेना की तुलना में कथित रूप से श्रेष्ठ समझी जानेवाली कुर्दिश फौजों की तीव्र पराजय ISIS की सैन्य शक्ति का एक नवीन प्रदर्शन था। संभवत: कुर्द सैनिकों की सैन्य श्रेष्ठता को बढ़ा-चढ़ाकर बताया गया है, लगभग पच्चीस वर्षों में एक-दूसरे के अलावा वे और किसी से नहीं लड़े हैं और एक पर्यवेक्षक, जो उन्हें अच्छी तरह जानता है, वह हमेशा उन्हें 'पेचे मेलबा' कहकर उद्धृत करता था। उसने आगे बताया कि वे लोग केवल पहाड़ी मुठभेड़ों में कुशल होते थे। ISIS की तीव्र सफलता से हतप्रभ अमरीका ने कुर्दिश राजधानी इरबिल की रक्षा के लिए हवाई हमले करके हस्तक्षेप किया। तब से अमरीका युद्ध की पृष्ठभूमि में है, लेकिन अनिच्छापूर्वक और इराक की राजनीति एवं उसकी सेना युद्ध की गंभीर जटिलताओं के प्रति सन् 2003 के आक्रमण की तुलना में कहीं अधिक सजग है। बार-बार राष्ट्रपति ओबामा और अमरीका अधिकारियों ने यह कहा कि बगदाद में उन्हें एक भरोसेमंद साथी की जरूरत है, मलिकी की सरकार की तुलना में एक कहीं अधिक समावेशी और कम सांप्रदायिक सरकार, तभी वहाँ अमरीका अपनी सैन्य शक्ति का प्रयोग कर सकता है।

वाशिंगटन का उद्देश्य समझदारी भरा है। वह सुन्नी समुदाय को ISIS से अलग करना चाहता है और उग्रवादी समूहों को भी अलग

करना चाहता है, ठीक उसी तरह जैसे कि सन् 2007 में उसने अमरीका सेना की संख्या में वृद्धि के समय किया था। अमरीकियों का यह तर्क है कि यदि कम-से-कम इराक के सुन्नी समुदाय का एक हिस्सा भी उनके साथ मित्रवत् हो जाता तो बगदाद में एक ऐसी सरकार होती, जो शक्ति, धन और नौकरियों में सुन्नियों के साथ भागीदारी की इच्छुक होती।

जैसा कि सीरिया और इराक में यह बार-बार होता है, यह कहना आसान है और करना मुश्किल है। नई खिलाफत में रहनेवाले कई सुन्नी अपने नए मालिकों को पसंद करते थे और वे उनसे भयभीत भी थे। लेकिन इससे भी ज्यादा भयभीत वे इराकी सेना, शिया लड़ाकों और इराक के कुर्दों, सीरियाई सेना तथा सीरिया में असद समर्थक लड़ाकों से थे। इराक और सीरिया के सुन्नियों की इस दुविधा की स्थिति का चित्रण मोसुल में एक सुन्नी महिला मित्र के इ-मेल से पता चलता है, जिसके पास ISIS से घृणा करने के सभी कारण मौजूद हैं। यह इ-मेल सितंबर माह में तब भेजा गया था, जब उसके पड़ोस में इराकी वायु सेना द्वारा हमला किया गया था। संक्षेप में, यहाँ उसका हवाला दिया जाना तर्कसंगत प्रतीत होता है, क्योंकि इससे यह पता चलता है कि इराकी सुन्नियों के लिए बगदाद में उस सरकार की ओर देखना कितना कठिन होगा, जिसे वे एक घृणित शत्रु की तरह देखते हैं। वे लिखती हैं—

“बमबारी सरकार द्वारा की गई। हवाई हमला पूरी तरह से नागरिक ठिकानों पर केंद्रित था। हो सकता है कि वे ISIS के दो ठिकानों को निशाना बनाना चाहते हों। लेकिन कोई भी बम निशाने पर नहीं लगा। एक लक्ष्य एक ऐसा घर है, जो चर्च से जुड़ा हुआ है और जिसमें ISIS के लोग रहते हैं। यह पड़ोस के जेनरेटर की बगल में है और हमारे घर से 200-300 मीटर की दूरी पर ही बमबारी में सिर्फ नागरिक ही हताहत हुए और जेनरेटर नष्ट हो गया। अब कल रात से यहाँ

बिजली नहीं है। मैं अपनी बहन के घर से एक उपकरण से लिख रही हूँ, यह घर खाली पड़ा है। सरकार की बमबारी में ISIS का कोई भी आदमी नहीं मारा गया है। मैंने ये बातें अपने एक रिश्तेदार से सुनी हैं, जो उस भयानक रात के बाद हमसे मिलने आया था। वह कहता है कि इस बमबारी के कारण युवा बड़ी संख्या में ISIS से जुड़ रहे हैं, क्योंकि इससे सरकार के प्रति उनकी घृणा बढ़ जाती है, जिसे हमारी कोई परवाह नहीं है, सुन्नी मारे जा रहे हैं और उन्हें निशाना बनाया जा रहा है। सरकारी फौजें सुन्नी बहुल गाँवों से घिरे शिया बहुल गाँव अमेरली गईं, यद्यपि अमेरली पर कभी भी ISIS का कब्जा नहीं हुआ। सरकारी सैनिकों ने चारों ओर के सुन्नी गाँवों पर अमरीका हवाई हमले की मदद से आक्रमण कर दिया, जिसमें सैकड़ों लोग मारे गए।

''उनमें से अधिकांश बातें सीरिया के बारे में सच हैं। अलेप्पो के आसपास कब्जा किए गए सुन्नी बहुल कस्बों और गाँवों में ISIS अन्य विद्रोही समूहों की तुलना में ज्यादा लोकप्रिय हैं, जो डाकुओं की तरह थे। यहाँ ISIS आक्रमणकारी रहे और युद्ध के तीन वर्षों के दौरान सीरियाई सेना की सबसे गंभीर हार को झेलना पड़ा है और पूर्वी सीरिया में पूर्ण सुरक्षित क्षेत्र के हवाई अड्डे पर कब्जा कर लिया गया। सीरिया में संयुक्त राष्ट्र जाँच आयोग के सदस्य करेन कोनिंग अबू जाएद ने कहा कि उस समय ज्यादा-से-ज्यादा संख्या में सीरियाई विद्रोही ISIS में शामिल हो रहे थे। वे उन्हें लग रहा था कि वे बेहतर हैं। वे लोग शक्तिशाली हैं। वे लोग युद्ध में विजयी हो रहे हैं, वे पैसे ले रहे थे, वे हमें प्रशिक्षित कर सकते हैं।'

''अमरीका हवाई हमले से ISIS के सदस्य हताहत होंगे और उनकी गाड़ियों के काफिले का सड़क पर चलना और भी कठिन होगा; लेकिन अमरीका विमानों के निशाने पर होने से उन्हें फायदा भी है,

क्योंकि इसमें निश्चित रूप से नागरिक भी हताहत होंगे। धरातल पर किसी भरोसेमंद सहयोगी के लिए हवाई शक्ति कोई विकल्प नहीं है और हो सकता है कि यह हानिकारक ही हो, स्थानीय जनसंख्या को विमुख करने के संदर्भ में। यह ISIS के लड़ाकों को बड़ी संख्या में मार सकता है; लेकिन तब शहीद होने की अभिव्यक्त मंशा से अनेक इराक और सीरिया जा सकते हैं। अक्तूबर के आरंभ में सिर्फ हवाई शक्ति द्वारा ISIS की बढ़त को रोकने के प्रयास के दुष्परिणाम स्पष्ट थे। उसके लड़ाकू सीरियाई कुर्दों के विरुद्ध अभी भी कोबानी में और बगदाद के पश्चिम में सरकारी बलों के विरुद्ध आगे बढ़ रहे थे।

"अमरीका के नेतृत्ववाले गठबंधन की राजनीतिक कमजोरियाँ भी स्पष्ट होती जा रही थीं, क्योंकि प्रमुख सदस्य जैसे सऊदी अरब, सं. अरब अमीरात और तुर्की देश असद सरकार, सीरियाई कुर्दों और जमीन पर ISIS से लड़नेवालों के प्रति उतने ही क्रुद्ध थे, जितना कि वे ISIS से थे। अमरीकी उपराष्ट्रपति जॉए बिडेन ने 2 अक्तूबर को हार्वर्ड यूनिवर्सिटी के इंस्टीट्यूट ऑफ पॉलिटिक्स के जॉन एफ. केनेडी जूनियर फोरम में बोलते हुए क्षेत्रीय और सीरियाई सहयोगियों के प्रति अमरीका के वास्तविक दृष्टिकोण को गैर-राजनयिक बताया। उन्होंने अपने श्रोताओं को बताया कि सऊदी अरब, तुर्की और यू.ए.ई. असद को सत्ताच्युत करने के लिए कृतसंकल्प थे, जिससे शिया-सुन्नी युद्ध अवश्यंभावी युद्ध हो गया। उन लोगों ने क्या किया? उन लोगों ने अथाह धन और हजारों टन हथियार ऐसे लोगों को दिए, जो असद के विरुद्ध लड़ रहे थे, लेकिन उन लोगों को नहीं, जिन्हें अल-नुसरा, अल कायदा और विश्व के अनेक भागों से आनेवाले जेहादियों के उग्रवादियों से समर्थन प्राप्त था।"

उन्होंने आगे कहा कि इराक में दबाव में ही ISIS सीरिया में

अपनी शक्ति को पुन: स्थापित करने में सफल हुआ। असद और ISIS से लड़ने के लिए सीरिया के उदारवादियों की भरती के बारे में अमरीका नीति के संबंध में ब्रिटेन ने कहा कि सीरिया में अमरीका को पता चला था कि कोई उदारवादी मध्यम वर्ग नहीं था, क्योंकि उदारवादी मध्यम वर्ग में दुकानदार आते हैं, न कि सैनिक। ISIS बनाने के पीछे कार्यरत वास्तविक बलों और इराक व सीरिया के वर्तमान संकट का इससे पहले शायद ही कभी इतना सटीक वर्णन किया गया हो।

आभार

मौलिक रूप से इस पुस्तक की कल्पना उत्तरी सीरिया और इराक में अल कायदा जैसे जेहादी आंदोलनों की बढ़ती हुई शक्ति के विवरण के तौर पर की गई थी, जिसके महत्त्व को मुझे लगता है कि पश्चिमी राजनीतिज्ञों, मीडिया और जनता द्वारा अनदेखा किया गया है। मैं विशेष रूप से ISIS के तीव्र गति से उत्थान, इराक में सुन्नी समुदाय के बढ़ते हुए आक्रोश और एक शक्तिशाली नए विद्रोह से लड़ने में सरकार की असमर्थता का पता लगाना चाहता था। सीरिया में मैं इस बात पर जोर देना चाहता था कि सशस्त्र विरोध पर जेहादी आंदोलनों का प्रभुत्व है; जबकि उदारपंथी, जिन्हें पश्चिम बढ़ावा देना चाहता है, धरातल पर उनका बहुत कम प्रभाव है।

जो विचार सन् 2014 के आरंभ में सतही लगता था, वह ISIS के 10 जून, 2014 को मोसुल पर कब्जा करने और उसी माह में बाद में इराकी–सीरियाई सीमा पर उसकी खिलाफत की घोषणा से पैदा हुआ। देश के बाहर और भीतर के अनेक खिलाड़ी इसमें सम्मिलित हैं और इराक व सीरिया के पास ऐसी अनपेक्षित घटनाएँ हैं, जो अप्रिय होने के साथ–साथ सभी को आश्चर्यचकित भी कर देती हैं।

अनुक्रम

ISIS का उदय

आज इराक के उत्तर व पश्चिम के बहुत बड़े क्षेत्र और सीरिया के उत्तरी क्षेत्र पर अल कायदा जैसे आंदोलन का नियंत्रण है, जो ओसामा बिन लादेन के अधीन किसी भी क्षेत्र से सैकड़ों गुना बड़ा है। ऐसा ओसामा बिन लादेन की मृत्यु के बाद ही हुआ है, जब अल कायदा से जुड़े संगठनों या अल कायदा जैसे संगठनों को इस प्रकार की बड़ी-बड़ी सफलताएँ मिली हैं, इनमें सीरिया के पूर्वी भाग में स्थित रक्का पर नियंत्रण भी शामिल है। यह मार्च 2013 में विद्रोहियों के नियंत्रण में आनेवाली एकमात्र प्रांतीय राजधानी थी। जनवरी 2014 में बगदाद से 40 मील पश्चिम में स्थित फलुजाह को ISIS ने अपने कब्जे में ले लिया, यह वही फलुजाह शहर था, जिसे दस वर्ष पहले अमरीकी मैरीन्स ने घेराबंदी करके उड़ा दिया था। एक महीनों के भीतर ही उन लोगों ने मोसुल और टिकरिट पर भी कब्जा कर लिया। युद्ध की रेखाएँ चाहे बदलती रहें, लेकिन उनकी बढ़ती शक्ति को पीछे मोड़ पाना काफी मुश्किल होगा। जून 2014 में इराक के उत्तरी और मध्य भागों पर तीव्र और चारों ओर से आक्रमण के साथ ही ISIS ने अल कायदा को भी पीछे छोड़ते हुए स्वयं को विश्व के शक्तिशाली और प्रभावशाली जेहादी समूह के रूप में स्थापित किया है।

इस प्रकार की घटनाओं ने पश्चिम में अनेक लोगों को स्तब्ध कर दिया, जिनमें राजनीतिज्ञ और विशेषज्ञ भी शामिल हैं, जिनके समसामयिक घटनाओं पर विचार भी पीछे रह गए प्रतीत होते हैं। उसका एक कारण यह था कि पत्रकारों और बाहरी पर्यवेक्षकों के लिए उन क्षेत्रों का भ्रमण करना अत्यंत जोखिम भरा काम था, जिन क्षेत्रों में ISIS सक्रिय थे; क्योंकि वहाँ पर अपहरण और हत्या का गंभीर खतरा बना रहता है। ''जो लोग विदेशी मीडिया की रक्षा करते थे, वे अब स्वयं को नहीं बचा सकते थे।'' एक निर्भीक संवाददाता ने मुझे बताया। उसने यह भी बताया कि वह विद्रोहियों के कब्जेवाले सीरिया में वापस क्यों नहीं जाएगा?

कवरेज की यह कमी अमरीका और अन्य पश्चिमी देशों की सरकारों को सुविधाजनक लगी, क्योंकि वे 9/11 के बाद के वर्षों में 'आतंक के खिलाफ युद्ध' में अपनी असफलताओं को कम करके दिखा सकते थे। ये असफलताएँ सरकारों ने प्रवंचना और आत्म-प्रवंचना द्वारा भी छुपाईं। 28 मई, 2014 को वेस्ट प्वाइंट में अमरीका की भूमिका पर बोलते हुए राष्ट्रपति ओबामा ने कहा कि अब अमरीका के लिए प्रमुख खतरा अल कायदा से नहीं है, बल्कि उन्हें खतरा तो अल कायदा सहयोगियों और उग्रवादियों से है, जिनमें से कइयों का एजेंडा तो वे देश ही हैं, जहाँ वे सक्रिय हैं। उन्होंने आगे कहा कि सीरिया का गृहयुद्ध उसकी सीमाओं के बाहर भी फैल गया है, इसलिए दुर्दम्य उग्रवादी समूहों की क्षमता बढ़ जाना कोई बड़ी बात नहीं है। इसमें काफी सच्चाई थी। लेकिन इस संकट का समाधान बताते हुए ओबामा कहते हैं कि सीरिया में उन विपक्षियों के साथ अधिक समर्थन दिया जाए, जो आतंकवादियों का सामना करने के श्रेष्ठ विकल्प हैं। जून में उन्होंने कांग्रेस से कहा कि सीरियाई विपक्ष के सदस्यों को प्रशिक्षण देने तथा समुचित ढंग से तैयार करने के लिए 500 मिलियन डॉलर की व्यवस्था की जानी चाहिए। यहाँ

उनकी वास्तविक मंशा धोखा देने की थी, क्योंकि पाँच महीने बाद ब्रिटेन ने स्वीकार किया कि सीरिया में विपक्षी सेनाओं पर अन्य उग्रवादी जेहादी समूहों के अलावा ISIS और अल कायदा के आधिकारिक प्रतिनिधि जबहत अल-नुसरा का दबदबा है। वास्तव में, उनके बीच और अमरीका के तथाकथित नरमपंथी सहयोगियों के बीच कोई विभाजक रेखा नहीं है।

सीरिया के पड़ोसी मध्य-पूर्वी देश के एक गुप्तचर अधिकारी ने मुझे बताया कि ISIS के सदस्य कहते हैं कि उन्हें तब खुशी मिलती है, जब असद विरोधी समूहों को आधुनिक हथियार भेजे जाते हैं, क्योंकि वे नकद अदायगी के जरिए या बल-प्रयोग की धमकी देकर उनसे ये हथियार प्राप्त कर लेते हैं। ये खोखली डींगें नहीं हैं। सीरिया में असद-विरोधी बलों को अमरीका सहयोगियों, जैसे सऊदी और कतर द्वारा की गई हथियारों की आपूर्ति नियमित रूप से इराक में पकड़ी जाती रही है। हथियारों की प्राप्ति के परिणाम का एक छोटा सा अनुभव मुझे सन् 2014 में गरमी के मौसम में मोसुल के पतन से भी पहले उस समय हुआ, जब मैंने उसी यूरोपीय एयरलाइन में बगदाद जाने के लिए टिकट बुक करने की कोशिश की, जिसमें मैं एक साल पहले भी गया था। मुझे यह बताया गया कि इस एयरलाइन ने बगदाद के लिए अपनी उड़ानें बंद कर दी हैं, क्योंकि उन्हें डर है कि विद्रोहियों को ऐसी विमान-रोधी मिसाइलें प्राप्त हो गई हैं, जिनका कंधे पर रखकर इस्तेमाल किया जा सकता है, ये शस्त्र मूल रूप से सीरिया में असद-विरोधी बलों को दिए गए थे, जिनका प्रयोग ये समूह बगदाद अंतरराष्ट्रीय हवाई अड्डे पर आनेवाली व्यावसायिक उड़ानों के विरुद्ध करेंगे। जैसा कि बहुत पहले इराकी राजनीतिज्ञों ने भविष्यवाणी की थी। सीरिया में विपक्षी दलों को मिलनेवाला पश्चिमी समर्थन भले ही असद को सत्ता से बाहर करने में

विफल रहा हो, लेकिन इराक में अस्थिरता पैदा करने में वह जरूर सफल रहा है।

आतंक के विरुद्ध युद्ध में असफलता और अल कायदा के पुनः सक्रिय होने की स्थिति 9/11 के आक्रमण के घंटों के भीतर उभरे परिदृश्य के माध्यम से स्पष्ट की गई है। वाशिंगटन द्वारा उठाए गए पहले कदम से ही यह स्पष्ट हो गया था कि आतंक के विरुद्ध लड़ाई अमरीका के दो सहयोगियों—सऊदी अरब और पाकिस्तान के साथ किसी भी प्रकार के टकराव के बिना ही लड़ी जाएगी, जबकि इन दोनों देशों की संलिप्तता के बिना 9/11 की घटना का घटित होना असंभव था। उस दिन उन्नीस अपहरणकर्ताओं में से पंद्रह का संबंध सऊदी अरब से था, जिनमें बिन लादेन भी शामिल था, यह सऊदी अरब के कुलीन वर्ग का था। बाद में अमरीका आधिकारिक दस्तावेजों में भी लगातार इस बात पर जोर दिया जाता रहा कि अल कायदा और दूसरे जिहादी समूहों को वित्तीय सहायता सऊदी अरब व खाड़ी के राजतंत्रों से प्राप्त हो रही है। जहाँ तक पाकिस्तान की बात है तो पाकिस्तान की सेना ने सन् 1990 के आरंभिक वर्षों में तालिबान को अफगानिस्तान में सत्ता-प्राप्ति के लिए प्रेरित करने में प्रमुख भूमिका निभाई तथा लादेन और अल कायदा को संरक्षण प्रदान किया। 9/11 के समय और उसके बाद अल्पविराम के बाद पाकिस्तान ने पुनः अफगानिस्तान में तालिबान को अपना समर्थन देना आरंभ कर दिया। तालिबान के समर्थन में पाकिस्तान की केंद्रीय भूमिका पर बोलते हुए अफगानिस्तान और पाकिस्तान में अमरीका के विशेष प्रतिनिधि स्वर्गीय रिचर्ड सी. हॉलब्रुक ने कहा था, ''हो सकता है कि हम गलत देश में गलत दुश्मन से लड़ रहे हों।''

अल कायदा की उत्पत्ति और उसकी वापसी में सऊदी अरब के महत्त्व को प्रायः गलत ढंग से समझा गया और कम करके आँका गया।

सऊदी अरब प्रभावशाली है, क्योंकि उसके पास तेल तथा अन्य संपत्ति का अथाह भंडार है, इसी के बलबूते पर वह मध्य-पूर्व और उसके बाहर भी शक्तिशाली देश रहा है। लेकिन सिर्फ वित्तीय संसाधनों के कारण ही यह एक प्रमुख खिलाड़ी नहीं है, बल्कि इसके द्वारा प्रसारित वहाबी सिद्धांत को भी महत्त्वपूर्ण कारण माना जाता है। वहाबी सिद्धांत अठारहवीं सदी में इसलाम की वह कट्टरपंथी विचारधारा है, जो इसलामी कानून पर बल देता है, महिलाओं को दूसरे दरजे का नागरिक मानता है और शिया व सूफी मुसलमानों को गैर-मुसलिम समझता है और उनके प्रति ईसाइयों और यहूदियों की तरह व्यवहार किए जाने की हिमाकत करता है।

यह धार्मिक असहिष्णुता और राजनीतिक सत्तावाद, जो सदैव हिंसा के लिए तत्पर रहता है, इसकी 1930 के दशक के यूरोप के फासीवाद के साथ अनेक समानताएँ पाई जाती हैं। यह दिन-प्रतिदिन बदतर होता जा रहा है, न कि इसमें सुधार हो रहा है। उदाहरण के लिए, हाल के वर्षों में सऊदी अरब के एक नागरिक जिसने ऐसी उदार वेबसाइट तैयार की, जहाँ धार्मिक गुरुओं की निंदा की जा सकती थी। ऐसा करने के लिए उसे एक हजार कोड़े और सात वर्ष तक जेल की सजा हुई। अल कायदा और ISIS की विचारधारा काफी हद तक वहाबी आंदोलन से प्रभावित है। इसलाम की इस नई विचारधारा के आलोचक, चाहे वे दुनिया के किसी भी भाग के मुसलमान हों, ज्यादा दिन तक जीवित नहीं रह पाते हैं। उन्हें भाग जाने के लिए विवश होना पड़ता है या उनकी हत्या कर दी जाती है। सन् 2003 में जेहादी नेताओं की सार्वजनिक निंदा करते हुए अफगानिस्तान के एक संपादक ने उन्हें 'पवित्र फासीवादी' की संज्ञा दी, जो 'सत्ता-प्राप्ति के हथियार के रूप में' इसलाम का दुरुपयोग कर रहे थे। उस पर इसलाम का अपमान करने का आरोप

लगाया गया और उसे देश छोड़ना पड़ा।

इसलाम की दुनिया में हाल के दिनों में एक महत्त्वपूर्ण घटना घटी। वह यह थी कि वहाबी आंदोलन मुख्यधारा के इसलाम पर नियंत्रण करता जा रहा है। इसके अंतर्गत मुल्लाओं के प्रशिक्षण और मसजिदों के निर्माण के लिए सऊदी अरब पैसे दे रहा है। परिणामस्वरूप शियाओं और सुन्नी मुसलमानों के बीच सांप्रदायिक संघर्ष भी बढ़ता जा रहा है। सबसे ज्यादा प्रभावित शिया लोग थे। ट्यूनीशिया से लेकर इंडोनेशिया तक के क्षेत्र भी इस निशाने की चपेट में आ गए। इस तरह की सांप्रदायिकता अलिप्पो या पंजाब के गाँवों तक ही सीमित नहीं है। इससे सभी इसलामी समूहों में दो संप्रदायों के बीच संबंध खराब होता जा रहा है। लंदन में मेरे एक मुसलिम मित्र ने बताया कि जब आप ब्रिटेन में शिया या सुन्नी धर्म की किताबों के पन्ने पलटेंगे तो आपको वहाँ बहुत ही कम ऐसे नाम मिलेंगे, जिनका संबंध उनके अपने समुदाय के बाहर के लोगों से होगा।

मोसुल से भी पहले राष्ट्रपति ओबामा को इस बात का एहसास हो गया था कि अल कायदा की तरह के समूह पहले की तुलना में कहीं ज्यादा शक्तिशाली हो गए हैं; लेकिन उनका उससे निपटने का तरीका वही पुराना है, जिससे पहले की गई गलतियाँ और अधिक गंभीर हो जाती हैं। ''हमें ऐसे सहयोगी की जरूरत है, जो लड़ाई में हमें सहयोग दे सकें।'' उन्होंने वेस्ट पॉइंट में अपने श्रोताओं के सामने यह कहा। लेकिन ये सहयोगी कौन होंगे? उन्होंने सऊदी और कतर का नाम नहीं लिया, क्योंकि वे सीरिया में उनके निकट और सक्रिय भागीदार तो हैं ही, बल्कि ओबामा ने जॉर्डन और लेबनान, तुर्की और इराक को अपने भागीदार के रूप में चुना, ताकि वे सीरिया की सीमा के बाहर सक्रिय आतंकवादी समूहों से लड़ने के लिए उन्हें वित्तीय मदद दे सकें।

इस बारे में एक चीज हास्यास्पद है। चूँकि ओबामा सीरिया और

इराक के जेहादियों को सबसे बड़ा खतरा मानते हैं, वे इन्हीं देशों में प्रवेश कर सकते हैं, क्योंकि 510 मील लंबी तुर्की-सीरिया सीमा को पार करने में उन्हें तुर्की अधिकारियों के किसी भी प्रकार के व्यवधान का सामना नहीं करना पड़ता है। हो सकता है, सऊदी अरब, तुर्की और जॉर्डन को आज उन्हीं समूहों से डर लग रहा हो, जिनको बनाने में उन्होंने मदद की है; लेकिन उन्हें रोकने के लिए वे अधिक कुछ नहीं कर सकते। अमरीका का लगातार इस बात पर जोर देना कि सऊदी अरब, यू.ए.ई., कतर और बहरीन देश सीरिया पर किए गए हवाई हमले में भाग लें या सहायता करने के पीछे उसका अनकहा उद्देश्य सीरिया के जेहादियों के साथ उनके अपने पूर्व के संबंधों को तोड़ने के लिए उन्हें विवश करना ही था।

अमेरिका और उसके पश्चिमी सहयोगियों का सऊदी अरब और खाड़ी के सुन्नी धार्मिकपूर्ण राजतंत्र के साथ गठबंधन के पीछे एकमात्र उद्देश्य था सीरिया, इराक और लीबिया में प्रजातंत्र को बढ़ावा देना और मानव अधिकारों की रक्षा करना। सन् 2003 की तुलना में सन् 2011 में मध्य-पूर्व में अमेरिका की स्थिति कमजोर थी, क्योंकि उसकी सेनाएँ इराक और अफगानिस्तान में अपने उद्देश्यों की प्राप्ति में विफल रही थीं। इसके बाद सन् 2011 का विद्रोह हुआ। यह विद्रोह आंदोलन जेहादी सशस्त्र समूह द्वारा किया गया था, जिन्हें खाड़ी के राजाओं और अमीरों द्वारा व्यापक वित्तीय मदद प्राप्त हुई थी। लंबे समय से स्थापित पुलिस राज्य के निष्पक्ष, गैर-सांप्रदायिक विरोधी शीघ्र ही हाशिए पर चले गए या तो वे चुप हो गए या उनकी हत्या कर दी गई। अंतरराष्ट्रीय मीडिया ने इन विद्रोहों की बदलती प्रकृति पर अपना ध्यान केंद्रित नहीं किया, यद्यपि इसलाम के अनुयायी अपनी सांप्रदायिक वरीयताओं के संदर्भ में काफी खुले रहे हैं। इसमें महत्त्वपूर्ण था लीबिया में विजयी विद्रोहियों द्वारा अपने आरंभिक कार्यों में बहुविवाह की प्रथा को कानून-सम्मत बनाने का आह्वान, जिसे

पुरानी सरकार ने प्रतिबंधित कर दिया था।

ISIS का परिणाम युद्ध है। इसके सदस्य हिंसा के माध्यम से अपने आस-पास के परिवेश को बदलना चाहते हैं। इस आंदोलन का अतिवादी धार्मिक विश्वास और सैन्य कौशल का विषादपूर्ण लेकिन शक्तिशाली मिश्रण सन् 2003 से अमरीका द्वारा इराक पर किए गए आक्रमण और सन् 2011 से सीरिया के युद्ध का ही परिणाम है। जब सीरिया में हिंसा कमजोर पड़ रही थी, तभी सीरिया में अरब के सुन्नियों द्वारा युद्ध को पुनः प्रज्वलित किया गया। पश्चिम में सरकारों और मीडिया में यह आम सहमति है कि इराक के प्रधानमंत्री नूरी अल-मलिकी के कारण ही बगदाद में सांप्रदायिक नीतियों के कारण इराक में गृहयुद्ध पुनः भड़क उठा। वास्तव में, यह सीरिया का ही युद्ध था, जिसने इराक में अस्थिरता पैदा की, खासतौर से तब, जब ISIS जैसे जिहादी समूहों को, जिन्हें तब इराक में अल कायदा कहा जाता था, को एक नया युद्धक्षेत्र मिल गया, जहाँ वे लड़ सकते थे और आगे बढ़ सकते थे।

अमरीका, यूरोप और तुर्की, सऊदी अरब, कतर, कुवैत और संयुक्त अरब अमीरात के उनके क्षेत्रीय सहयोगियों ने ही ISIS के उत्थान के लिए अनुकूल स्थितियाँ पैदा की थीं। उन्होंने सीरिया में युद्ध जारी रखा, यद्यपि यह तो सन् 2012 में ही स्पष्ट हो गया था कि असद का पतन नहीं होगा। सीरिया के चौदह में से तेरह प्रांतीय राजधानियों पर असद का हमेशा नियंत्रण रहा और उन्हें रूस, ईरान और हिजबुल्लाह का समर्थन मिलता रहा। इसके बावजूद उन्हें जनवरी 2014 के जेनेवा II शांति वार्त्ता में एकमात्र शांति का प्रस्ताव प्राप्त हुआ और वह था सत्ता को छोड़ना। वे सत्ता छोड़ने के लिए तैयार नहीं थे। अतः ISIS के फलने-फूलने के लिए आदर्श परिस्थितियाँ तैयार की गईं। अब अमरीका और उसके सहयोगियों द्वारा इराक और सीरिया में सुन्नी समुदायों को

विद्रोहियों के विरुद्ध खड़ा करने का प्रयास किया जा रहा था। लेकिन ऐसा करना कठिन होगा, क्योंकि ये देश युद्ध से त्रस्त हैं।

अल कायदा जैसे समूहों के पुनरुज्जीवन का खतरा सिर्फ सीरिया, इराक और उनके पड़ोसी देशों तक ही सीमित नहीं था। जो कुछ भी इन देशों में हो रहा था, इसके साथ ही असहिष्णुता का बढ़ता प्रभाव और विश्व भर के सुन्नी मुसलमानों में अनन्य वहाबी आंदोलन से विश्व के लगभग 1.6 अरब मुसलमान निरंतर प्रभावित होंगे, जो विश्व की कुल जनसंख्या के लगभग एक-चौथाई हैं। यह असंभव सा प्रतीत होता है कि उस युद्ध से गैर-मुसलिम, अप्रभावित रह पाएँगे, जिनमें पश्चिम के लोग भी शामिल हैं। आज के विद्रोही जेहादी, जिनका राजनीतिक भूक्षेत्र अब इराक और सीरिया में हो गया, इसका दूरगामी प्रभाव विश्व की राजनीति पर पड़ेगा और हम सभी के लिए इसके भयानक परिणाम होंगे।

□

2

मोसुल की लड़ाई

6 जून, 2014 को, ISIS के लड़ाकुओं ने इराक के दूसरे सबसे बड़े शहर मोसुल पर आक्रमण कर दिया। चार दिन के बाद ही शहर धराशायी हो गया। यह उस सेना की अचंभित कर देनेवाली विजय थी; इस सेना में सैनिकों की संख्या मात्र 1,300 थी और उसके विरुद्ध 60,000 शक्तिशाली सैन्य बल का विशाल समूह था, जिसमें इराक की सेना और उसके संघीय व स्थानीय पुलिस भी शामिल थी। वहाँ की स्थिति इराक से काफी मिलती-जुलती थी, भले ही संख्याओं का यह अंतर उतना नहीं था जैसा कि प्रतीत हो रहा था। इराक के सुरक्षा बल में भ्रष्टाचार इतना अधिक व्याप्त था कि उनमें तीन में से केवल एक ही सैनिक वास्तव में मोसुल में उपस्थित था, बाकी सैनिक अपनी तनख्वाह का आधा अपने अधिकारियों को रिश्वत के रूप में देकर स्थायी छुट्टी पर रहते थे।

मोसुल काफी समय से असुरक्षित रहा है। इराक में अल कायदा (ISIS पूर्व में इसी नाम से जाना जाता था) ने 20 लाख की आबादीवाले इस सुन्नी बहुल शहर में हमेशा से ही अपनी मजबूत उपस्थिति बना रखी थी। एक समय तो ऐसा भी था कि उन्हें व्यवसायियों से नियमित

रूप से सुरक्षा के बदले धन की प्राप्ति होती थी। बगदाद के मोसुल में निजी व्यापारियों को अपना व्यापार चलाने के लिए अल कायदा को पैसे देने पड़ते थे। अमेरिकी फौजियों की सफलता की अतिशयोक्तिपूर्ण कहानी अगले वर्ष सामने आई, जिसमें यह बताया गया कि उन्होंने अल कायदा को नष्ट कर दिया, आतंकवादियों के मोसुल पर नियंत्रण की उपेक्षा कर दी गई है। इस शहर के पतन के कुछ सप्ताह बाद ही पता चला कि बगदाद में तुर्की का एक व्यवसायी पिछले कई वर्षों से मोसुल में एक विशाल निर्माण कार्य का ठेका चला रहा है। स्थानीय अमीर या ISIS के नेता ने उससे 5,00,000 डॉलर प्रतिमाह सुरक्षा के बदले माँग की है। उसने बार-बार बगदाद की सरकार से इस बात की शिकायत भी की; लेकिन वे इस बारे में कुछ नहीं करेंगे, सिर्फ यही कहेंगे कि उस धनराशि को अल कायदा के ठेके की धनराशि में जोड़ देना चाहिए।

ISIS के दूसरे फायदे भी हैं, जो अपने अन्य शत्रुओं पर अधिक ताकतवर साबित होते हैं। इनकी गतिविधियों का मुख्य क्षेत्र दजला और फरात की नदी, घाटियाँ और स्टेपी का संकरा क्षेत्र और मरुस्थल, जो उत्तरी व पश्चिमी इराक और सीरिया के पूर्वी क्षेत्र में फैले हुए हैं, दोनों देशों की राजनीतिक और सैन्य स्थितियाँ एक-दूसरे से पूरी तरह भिन्न हैं, जिसका ISIS कमांडरों को यह फायदा होता है कि उन दोनों देशों में अवसरों का लाभ उठाने के लिए और अपने शत्रुओं को आश्चर्य में डालने के लिए अपनी फौजों को आगे-पीछे कहीं भी भेज सकते हैं। इस प्रकार ISIS ने जून 2014 में मोसुल और टिकरित पर नियंत्रण कर लिया; लेकिन बगदाद पर आक्रमण नहीं किया, जुलाई में इसके हाथों सीरिया की सेनाओं को बार-बार पराजय झेलनी पड़ी। अगस्त में इसने इराक के कुर्दिस्तान पर कब्जा कर लिया और सितंबर माह में सीरिया व तुर्की से लगे उसके सीमावर्ती क्षेत्र कुर्दिश कोबानी पर आक्रमण कर

दिया। दोनों भिन्न देशों में कार्य करने के कारण ISIS की स्थिति काफी मजबूत हो गई।

जून 2014 में मोसुल का पतन इराक, सीरिया और मध्य-पूर्व के इतिहास में एक महत्त्वपूर्ण घटना थी। उसका पतन क्यों और कैसे हुआ? इस पर विस्तार से चर्चा करना आवश्यक है।

इस घेराबंदी के बाद उत्तरी इराक के अन्य ठिकानों पर ISIS का आक्रमण जिस प्रकार शुरू हुआ, वह ध्यान को कहीं और हटानेवाला लग रहा था। यह शायद एक ऐसी रणनीति थी, जिसके पीछे मंशा यह थी कि इराकी फौज और इराकी सरकार दोनों को यथासंभव वास्तविक लक्ष्य के प्रति भ्रम की स्थिति में रखना था, सबसे पहले तो 5 जून को सशस्त्र सेनाओं और भारी मशीनगनों से लदी गाड़ियों का काफिला सलह अद-दीन प्रांत के समारा की ओर कूच कर गया और शहर के अधिकांश भागों पर कब्जा कर लिया। इस पर सरकार की तीव्र प्रतिक्रिया होनी निश्चित थी, क्योंकि समारा सुन्नी बहुल क्षेत्र होने के अलावा अल-असकरी का स्थल भी था, जो शिया समुदाय का पवित्र स्थल है। सन् 2006 में हुए बम विस्फोट पर शिया समुदाय ने इतनी उग्र प्रतिक्रिया की थी, जिसमें पूरे बगदाद में सुन्नियों का कत्लेआम हुआ था। जैसा कि अपेक्षित था, सैनिकों और साज-सामान से लदा इराकी सेना का हेलीकॉप्टर अपने गोल्डन डिवीजन अड्डे से कूच कर गया, ताकि लड़ाकू शत्रुओं को खदेड़ा जा सके । ध्यान हटानेवाली दूसरी काररवाई वह थी, जिसमें अनबर प्रांत की राजधानी रमादी में एक हथियारबंद व्यक्ति ने विश्वविद्यालय परिसर के एक भाग पर अपना कब्जा कर लिया और सैकड़ों छात्रों को कुछ समय के लिए बंधक बना लिया। एक अन्य घटना इराक के पूर्वोत्तर में स्थित बकूबा में घटी, जहाँ एक आतंकवाद विरोधी पर कार बम से हमला किया गया। वहाँ भी अन्य जगहों की

तरह ही आक्रमण पर अधिक जोर नहीं दिया गया और वे शीघ्र ही पीछे हट गए।

मोसुल पर किया गया आक्रमण कहीं अधिक गंभीर था, यद्यपि प्रत्यक्षत: ऐसा नहीं लगता था। इसकी शुरुआत पाँच आत्मघाती हमलों से हुई और फिर मोटर से भी हमला किया गया। ISIS के साथ अन्य सुन्नी अर्धसैन्य समूह भी शामिल हो गए, जिनमें बाथिस्ट नक्शबंदी, अंसार-अल-इसलाम और मुजाहिदीन आर्मी भी शामिल थीं; यद्यपि यह अलग विवाद का विषय है कि ये समूह किस हद तक ISIS के नियंत्रण के बाहर काम करते थे। जेहादी लड़ाकुओं ने उस सरकारी चेकपॉइंटों की अनदेखी और उल्लंघन किया, जो बहुत लंबे समय तक शहर की यातायात व्यवस्था को ठप्प कर देते थे; लेकिन सुरक्षा के दृष्टिकोण से बेकार साबित हुए। ये आक्रमण भी ध्यान हटानेवाले उन आक्रमणों से भिन्न नहीं थे, जो सुदूर दक्षिण में किए गए थे, लेकिन 7 जून को अमरीका और कुर्दिश आंतरिक मंत्रालय ने एक विशाल ISIS काफिले को सीरिया से मोसुल की तरफ जाते हुए देखा। अगले दिन की लड़ाई बहुत ही निर्णायक थी, क्योंकि ISIS के लड़ाकू दस्तों ने कई महत्त्वपूर्ण इमारतों पर कब्जा कर लिया, जिनमें फेडरल पुलिस का मुख्यालय भी शामिल था, बगदाद में, सरकार स्थिति की गंभीरता को समझने में पूरी तरह नाकाम रही और अमरीकी राजनयिकों को यह बताती रही कि उसे मोसुल में रसद और सैनिकों को भेजने में एक सप्ताह का समय लगेगा। सरकार ने कुर्दिश नेता मसूद बर्जानी के उस प्रस्ताव को भी ठुकरा दिया, जिसमें उसने ISIS से लड़ने के लिए अपने आदमियों को मोसुल भेजने के लिए कहा था। सरकार का विचार था कि यह जमीन हड़पने की उनकी मौकापरस्त काररवाई है।

9 जुलाई को ऐसी स्थिति पैदा हो गई, जब पराजय को नहीं पलटा

जा सकता था। तीन शीर्ष इराकी जनरल—अबॉड कनबार (सैनिकों का उपमुख्य), स्थल सेना का कमांडर, अली गैदान और नीनवे ऑपरेशन प्रमुख महदी धरावी—को हेलीकॉप्टर में सवार होकर कुर्दिस्तान से भागना पड़ा। इससे अंततः मनोबल गिर गया और सैन्य बलों का विघटन हो गया। अपने पतन के पूरे एक दिन बाद 11 जून को मलिकी सरकार अपना अगला कदम उठाने में असमर्थ थी, जब उसने पेशमर्गा के शहर में बढ़ने के लिए अपनी मंजूरी दे दी।

एक इराकी सैनिक की कहानी से यह पता चलता है कि इस प्रकार की शर्मनाक पराजय की स्थिति में फँसना कैसा होता है। जून माह के आरंभ में बगदाद के शिया बहुल क्षेत्र का एक निजी सैनिक अब्बास सद्दाम, इराकी सेना के 11वें डिवीजन में कार्यरत था, उसे रमादी से मोसुल में स्थानांतरित कर दिया गया। उसके वहाँ पहुँचने के बहुत दिनों बाद भी लड़ाई शुरू नहीं हुई। बल्कि 10 जून की सुबह ही उसकी सेना के प्रमुख ने गोलीबारी रोकने, अपनी-अपनी राइफलों को विद्रोहियों को सौंपने, अपनी वरदी उतारने और शहर छोड़ देने का आदेश दिया। इससे पहले कि वे इन आदेशों का पालन कर पाते, नागरिकों के एक समूह ने उनकी बैरकों पर पत्थरों से हमला कर दिया।

भीड़ द्वारा किए गए आक्रमण से यह पता चला कि मोसुल का पतन लोकप्रिय विद्रोह के साथ-ही-साथ सैन्य आक्रमण का भी परिणाम था। उस भीड़ में ISIS के लड़ाकू भी थे, जिन्हें इराक में 'दाश' कहा जाता है, जो उनके नाम का अरबी में संक्षिप्त रूप है। उन लोगों ने सैनिकों को अपनी राइफल वहाँ रखने एवं जाने का निर्देश दिया। ऐसा न करने पर मारने की धमकी भी दी गई। वहाँ महिलाओं एवं बच्चों को भी सैन्य हथियारों के साथ देखा जा सकता था। स्थानीय लोगों ने सैनिकों को अपनी वरदियाँ बदलने के लिए पारंपरिक पोशाक तक दी, ताकि वे

वहाँ से सुरक्षित भाग निकलें। अब्बास वापस अपने परिवार के पास बगदाद चला गया, लेकिन सेना को इस बात की सूचना नहीं दी; क्योंकि उसे भय था कि उसके मित्र की तरह उस पर भी अपनी नौकरी से भागने के आरोप में मुकदमा चलाया जाएगा।

जबकि मोसुल के सुन्नी वहाँ इराकी सेना की वापसी को देखकर खुश थे और इसके वापस चले जाने को लेकर भयभीत थे। उन्हें यह मालूम था कि मोसुल एक खतरनाक स्थल बन गया था। लेकिन इस विषय में वे ज्यादा कुछ करने की स्थिति में नहीं थे। 11 जून को अब्बास को सुन्नी तथा व्यावसायिक नौकरी करनेवाली एक महिला मित्र का मेल प्राप्त हुआ, जिसमें आमतौर पर व्याप्त चिंताओं का पता चलता है। उसमें लिखा था—

"मोसुल पूरी तरह से ISIS के नियंत्रण में चला गया है। यहाँ स्थिति बिलकुल शांत है। उनका लोगों के साथ व्यवहार बहुत ही सभ्य प्रतीत होता है और वे लुटेरों से सभी सरकारी संस्थानों की रक्षा करते प्रतीत होते हैं। मोसुल की सरकार और सभी सरकारी फौजें, पुलिस एवं सुरक्षा बल ने अपनी-अपनी पोजीशन छोड़ दी है और लड़ाई से भाग गए। हमने कुर्दिस्तान भाग जाने की कोशिश की, लेकिन वे हमें वहाँ जाने की अनुमति नहीं देंगे। वे हमें शरणार्थियों की तरह धूप में तंबुओं में रखेंगे। इसलिए अधिकांश लोग वापस आ गए और यह फैसला किया कि वे शरणार्थी नहीं बन सकते। लेकिन हमें नहीं मालूम कि अगले घंटे क्या होनेवाला है? ईश्वर हम सबकी रक्षा करे। हमारे लिए प्रार्थना कीजिए।"

यह सिर्फ मोसुल में ही नहीं हुआ था। इराकी सुरक्षा बल ने अपने सेना प्रमुखों के नेतृत्व में विघटित होकर इराक की सबसे बड़ी रिफाइनरी का केंद्र बैजी शहर कोर बिना किसी प्रतिरोध के समर्पित कर दिया।

उसी तरह टिकरित में भी यही प्रक्रिया अपनाई गई। एक बार फिर सैन्य प्रमुखों और वरिष्ठ अधिकारियों को वहाँ से निकालने के लिए हेलीकॉप्टर का प्रयोग किया गया। टिकरित में समर्पण करनेवाले सैनिक दो गुटों में बाँटे गए। शिया और सुन्नी अनेक शिया सैनिकों को खाई के सामने खड़ा करके मशीनगन से भून दिया गया। इराकी सुरक्षा बलों के शेष सैन्य टुकड़ियों को डराने-धमकाने के लिए उनके द्वारा की गई हत्या को वीडियो में रिकॉर्ड किया गया। अमरीकियों के अनुसार, उत्तरी इराक के पतन के दौरान अठारह में से पाँच सैन्य और संघीय पुलिस इकाइयाँ विघटित हो गईं। इसी समय ISIS भी अपनी सफलता पर अचंभित था। ‘‘शत्रु और समर्थक दोनों ही अचंभित हैं।’’ ISIS प्रवक्ता अबू मोहम्मद अल-अदनानी ने कहा। इसके बावजूद चेतावनी दी गई कि ISIS लड़ाकुओं को पकड़े गए अमरीका शस्त्रों से बहुत ज्यादा खुश नहीं होना चाहिए। ‘‘अपने अहं और अहंकार का शिकार मत बनो,’’ उसने उन लोगों से कहा, ‘‘बल्कि बगदाद की ओर प्रस्थान करो।’’ इससे पहले कि शिया का पुन: कब्जा हो जाए।

16 जून को बगदाद में लोग सेना के पराजित हो जाने पर अचंभे की स्थिति में थे। लोगों को अभी भी इस बात का बिलकुल विश्वास नहीं था कि वह अवधि जब सन् 2005 में शियाओं ने इराक पर नियंत्रण स्थापित करने की कोशिश की, क्योंकि सुन्नियों ने सद्दाम हुसैन और राजतंत्र के अधीन ऐसा किया था, समाप्त हो चुकी है। उनके विचार में यह संकट इतना अप्रत्याशित था और जिसे समझ पाना मुश्किल था कि कोई भी विपत्ति आ सकती थी। राजधानी को सुरक्षित होना चाहिए। यह शिया बहुल क्षेत्र था, जिसकी रक्षा नियमित सेना की बची टुकड़ियों के साथ-ही-साथ हजारों शिया सैनिकों द्वारा भी की गई थी। लेकिन लगभग यही मोसुल और टिकरित के लिए भी कहा जा सकता था।

इस पराजय पर सरकार की पहली प्रतिक्रिया अविश्वसनीय और भय-मिश्रित थी। मलिकी ने शासन के पतन के लिए गहरी साजिश को जिम्मेदार ठहराया, यद्यपि वे कभी भी साजिश करनेवाले की पहचान नहीं कर सके। वे पूरी तरह से भ्रमित लगते थे; लेकिन ऐसा लगता था कि इस पराजय के लिए उनकी कोई व्यक्तिगत जिम्मेदारी नहीं है; जबकि सेना के सभी पंद्रह प्रांतीय कमांडरों की नियुक्ति उन्होंने स्वयं की थी।

मोसुल के पतन के आरंभिक दिनों में खाली सड़कों पर एक प्रकार का आधा दबा उन्माद दिखाई पड़ता था। लोग भयभीत थे और घरों के अंदर दुबके रहते थे तथा टेलीविजन के सामने बैठे नवीनतम समाचारों पर नजर रखते थे। कई लोगों ने सेना के धराशायी होने की खबर सुनने के घंटे भर के भीतर भोजन और ईंधन इकट्ठा कर लिया। मिठाई की दुकानों और बेकरियों में रमजान के दिनों में शाम के समय रोजा खोलने के लिए विशेष प्रकार की पेस्ट्रीज बनाई जाती थीं, लेकिन खरीदनेवालों की संख्या बहुत कम थी। शादियाँ स्थगित कर दी गईं। शहर में यहाँ तक अफवाह फैल गई थी कि ISIS बगदाद के केंद्र पर अचानक चढ़ाई करने की योजना बना रहा था और व्यापक सुरक्षा व्यवस्था के बावजूद ग्रीन जोन को उड़ाने की योजना थी। बगदाद में एक समाचार-पत्र में यह खबर छपी कि कम-से-कम सात मंत्रियों और बयालीस सांसदों ने अपने-अपने परिवारों के साथ जॉर्डन में शरण ले ली है।

सबसे बड़ा डर तो यह था कि ISIS के लड़ाकू, टिकरित और फालुजा में सिर्फ एक घंटे की दूरी पर थे, वे अपना आक्रमण ठीक उसी समय करेंगे जब शहर के सुन्नी बहुल क्षेत्रों में विद्रोह फूटेगा। यद्यपि बगदाद में सुन्नी वर्ग विद्रोहियों के हाथों सुन्नी बहुल प्रांतों के पतन से खुश थे, लेकिन वे इस बात से भयभीत भी थे कि शिया भेदिए के तौर

पर शहर में घुसकर अल्पसंख्यक सुन्नियों का कत्लेआम कर देंगे। टिगरिस के पूर्वी तट पर स्थित अधामिया जैसा सुन्नियों का गढ़ सुनसान लगता था।

उदाहरण के लिए, अपने मित्र द्वारा बताए गए एक ड्राइवर को मैंने किराए पर लेने की कोशिश की। उसने बताया कि उसे पैसों की आवश्यकता है, परंतु सुन्नी होने के कारण किसी भी नाके पर उसे रोके जाने का खतरा था। ''मैं इतना भयभीत हूँ कि मैं शाम को छह बजे के बाद हमेशा घर पर रहता हूँ।'' सादे लिबास में असभ्य दिखते लोग, हो सकता है कि सरकारी खुफिया तंत्र के या शिया लड़ाकू हों, अचानक ही पुलिस व सैन्य नाके पर प्रकट होने लगे और संदिग्ध लोगों को पकड़ने लगे। नए सादे लिबास में अधिकारी स्पष्ट रूप से ऐसी स्थिति में थे, जो पुलिसवालों और सैनिकों को आदेश दे सकते थे।

सभी नौकरी-पेशा लोगों को गिरफ्तारी से बचने के लिए ऑफिस से जल्दी निकलने की सलाह दी गई। कुछ अन्य लोगों ने तो कामकाज पर जाना ही छोड़ दिया। नाके पर रोक लिया जाना बगदाद में एक अतिरिक्त भय था, क्योंकि हर किसी को, विशेषकर सुन्नियों को यह बात याद थी कि सन् 2006-07 के गृहयुद्ध के दौरान क्या परिणाम निकला था? कई नाके तो मौत के दस्तों द्वारा चलाए जाते थे और पहचान-पत्र का गलत होने का सीधा आशय अवश्यंभावी मौत थी। मीडिया की खबरों में यह दावा किया गया था; हत्यारे ही पुलिस की वरदी में थे, लेकिन बगदाद में हर किसी को यह मालूम था कि पुलिसवाले और विद्रोही प्राय: एक ही होते हैं।

हमेशा बना रहनेवाला खतरा न तो पीड़ोन्माद था और न ही अतार्किक था। इराक के कार्यवाहक सुरक्षा सलाहकार सफा हुसैन ने बताया, ''कुछ लोग यह समझते हैं कि ISIS एक ही समय में भीतर और बाहर, दोनों

ओर से हमला करेंगे।'' उनका विश्वास था कि इस प्रकार के हमले संभव थे, हालाँकि उन्हें लग रहा था कि इससे ISIS और सुन्नी विद्रोहियों की पराजय होगी, जो उनके साथ मिलते हैं। सुन्नी अल्पसंख्यक हैं, लेकिन अनबर प्रांत के सुन्नी बहुल क्षेत्रों में आनेवाले आक्रमणकारी बलों को अमरिया जैसे शहर के जिलों से जुड़ने के लिए बहुत कुछ नहीं करना पड़ेगा। ISIS के लिए बगदाद के एक हिस्से पर भी नियंत्रण प्राप्त करने से उसी बगदाद, से एक नए राज्य के निर्माण के दावे को बल मिलेगा, जो अरब की महान् राजधानियों में से एक है और विगत में खिलाफत का केंद्र रही है।

□

खंडन

8 अगस्त को अमरीका वायु सैनिकों ने इराक में ISIS पर बमबारी शुरू कर दी और 23 सितंबर को सैन्य प्रमुखों ने सीरिया में अल कायदा के प्रतिनिधि ISIS और जबहत अल-नुसरा को भी अपने निशाने पर ले लिया। वे आतंकवादी, जिन्होंने अपने लड़ाकुओं और साज-सामान को इमारतों से बाहर और ऐसे स्थानों पर पहुँचा दिया था, जो आसानी से निशाना बन सकते थे, ने पुनः ऐसे गुरिल्ला तरीकों को अपना लिया, जिससे उन्हें विगत में भी बहुत मदद मिली थी।

अमेरिका और ब्रिटेन में (जिसने इराक में 27 सितंबर को हवाई हमले किए थे) इस तरह की अफवाहें थीं कि ISIS को नष्ट कर दिया गया है। लेकिन जेहादियों को सैन्य तरीके से रोकने और प्रताड़ित करने के सिवाय अन्य किसी दीर्घ योजना का कोई प्रमाण नहीं था। इराक में सन् 2003 से 2011 के बीच के सैन्य हस्तक्षेप के दौरान मीडिया का पूरा ध्यान पश्चिमी सरकारों की कारवाइयों के तहत प्रमुख गतिविधियों को प्रचारित करने पर था। इसके साथ ही इराक और सीरिया की जमीन पर हो रही घटनाओं के महत्त्व को यथेष्ट समझा नहीं जा रहा था कि वास्तव में सैन्य दल इस संकट को दोनों देशों में फैला रहे थे।

इसी प्रकार से जब इराक में अंतिम रूप से नूर अल-मलिकी को प्रधानमंत्री के पद से हटा दिया गया और उनके स्थान पर हैदर अल-अबादी को प्रधानमंत्री बनाया गया, तब पश्चिमी देशों की राजधानियों में जश्न मनाया गया। नए प्रशासन में मलिकी प्रशासन की तुलना में अरबी सुन्नियों और कुर्दों का पर्याप्त प्रतिनिधित्व था; लेकिन अभी उसका मुख्य दावेदार पार्टी का प्रमुख था, जिसका पहले की तुलना में कैबिनेट में भी ज्यादा प्रतिनिधित्व था और दूसरी शिया पार्टियों का भी। अबादी ने यह वादा किया कि सुन्नी नागरिकों के क्षेत्रों पर बमबारी रोक दी जाएगी; लेकिन सितंबर माह के सिर्फ एक सप्ताह में ही फालुजा पर सात में से छह दिन बमबारी हुई, जिसमें स्थानीय अस्पतालों द्वारा दी गई जानकारी के मुताबिक 28 नागरिक मारे गए और 118 घायल हुए।

राजनीतिक बदलाव को बढ़ा-चढ़ाकर बताया गया और इस बात पर ज्यादा ध्यान नहीं दिया गया कि भले ही आबादी ISIS लड़ाकुओं के बगदाद से कुछ मील दूर होने के बावजूद था, परंतु अक्तूबर माह तक इराकी संसद् द्वारा आंतरिक मंत्रियों और सुरक्षा के अनेक महत्त्वपूर्ण पदों पर अपनी वरीयताओं को मंजूर करवाने में असमर्थ थे। इराकी मामलों पर नॉर्वे के विशेषज्ञ रीडार विसर ने इस असफलता को इन शब्दों में व्यक्त किया, "यह नाकामी इराक में ISIS की पराजय के नाम पर हो रहे वर्तमान अंतरराष्ट्रीय जमावड़ों से कहीं अधिक महत्त्वपूर्ण है।"

इस समय घटनाओं की वास्तविक स्थिति का संकेत देने वाली एक और घटना हुई, जो सकलाविग्राह के इराकी सैन्य अड्डे की सप्ताह भर लंबी घेराबंदी का परिणाम था, सकलावियाह फालुजा के बाहर स्थित है। इस घेराबंदी के अंत में ISIS लड़ाकुओं ने सैनिकों की स्थिति की अनदेखी की और उस सैन्य ठिकाने के अधिकांश लोगों को मौत के घाट उतार दिया या उन्हें बंदी बना लिया। एक बच निकले इराकी अधिकारी के अनुसार,

"सकलावियाह में अनुमानित 1,000 सैनिकों में सिर्फ 200 ही निकलने में सफल हुए हैं।" ISIS का दावा है कि इस क्षेत्र को सफाविद (शिया) की गंदगी से मुक्त करने के लिए 5 टैंकों और 41 हमवीस को या तो कब्जे में ले लिया या नष्ट कर दिया गया है। जीवित बच जानेवाले इराकी सैनिकों की शिकायत है कि घेराबंदी के दौरान उन्हें रसद, खाद्य-सामग्री, पानी आदि नहीं दिया गया, जबकि वे बगदाद से सिर्फ 40 मील की दूरी पर थे। दूसरे शब्दों में, मोसुल के पतन के साढ़े तीन माह बाद और अमरीकी हवाई हमले के शुरू होने के छह सप्ताह बाद भी इराकी फौज ISIS के आक्रमण को झेलने या आरंभिक सैन्य काररवाई करने में असमर्थ थी। जैसा कि मोसुल और टिकरित में हुआ था। नेपोलियन के समान ISIS की सफलता स्पष्टतः इराकी सेना की असमर्थता की आंशिक परिणाम थी।

सीरिया में हवाई हमले की प्रतिक्रिया-स्वरूप ISIS ने पुनः गोरिल्ला सैन्य लड़ाई शुरू कर दी। यह लड़ाई उसके उत्तर में उन कुर्दिश क्षेत्रों पर किए गए दो आक्रमणों के अतिरिक्त थी। दमिश्क के आस-पास की उन विद्रोही इकाइयों ने अवसर का लाभ उठाते हुए अमरीका का समर्थन प्राप्त करने के प्रयास में अपने नाम परिवर्तित करके धर्मनिरपेक्ष नाम रख लिये। जिन्होंने पहले सऊदी और खाड़ी के देशों से वित्तीय सहायता प्राप्त करने के लिए इसलामी लगनेवाले नाम रखे थे, जबहत अल-नुसरा भी स्वयं आश्चर्यचकित था, क्योंकि अमरीका द्वारा इसे भी निशाना बनाया गया। उसने अमेरिकी हवाई हमलों की निंदा की और अन्य जेहादियों के साथ मिलकर 'हमलावरों' के खिलाफ काररवाई करने की प्रतिज्ञा की। इराक में सुन्नियों और विद्रोहियों को ISIS के खिलाफ करना आसान नहीं था और वह भी तब, जब अमरीका को वास्तव में असद के सहयोगी के रूप में देखा जाने लगा था, इसके विपरीत चाहे इसका जो भी विरोध हो, यह कार्य काफी कठिन था।

जून में बगदाद में लोग इस बात से काफी भयभीत थे कि राजधानी पर ISIS का आक्रमण होनेवाला है; लेकिन इस प्रकार का आक्रमण कभी नहीं हुआ। इस समय उक्रेन में रूसी सहायता प्राप्त विद्रोहियों ने मलेशिया के एक हवाई जहाज को मार गिराया, और इसी समय गाजा में इजराइल की बमबारी से 2,000 फिलिस्तीनियों के मारे जाने के कारण विश्व समुदाय का ध्यान इन दो घटनाओं की ओर केंद्रित हो गया। इस स्थिति का अभूतपूर्व लाभ उठाते हुए ISIS ने सुन्नी बहुल अनबर प्रांत में अपनी स्थिति काफी मजबूत कर ली। अनबर प्रांत पश्चिमी इराक तक फैला है। सीरिया में इसने अन्य विद्रोही समूहों को या तो पराजित कर दिया या उन्हें अपने समूह में शामिल कर लिया और चार अन्य सीरियाई सैन्य ठिकानों पर कब्जा कर लिया, जिससे बड़े पैमाने पर सैनिक हताहत हुए और इन बागियों के हाथ काफी बड़े-बड़े हथियार लग गए। पूरे विद्रोह के दौरान दमिश्क सरकार की यह अब तक की सबसे बड़ी पराजय थी।

नवघोषित खिलाफत दिन-प्रतिदिन फैलता जा रहा था। अब उसके नियंत्रण में ग्रेट ब्रिटेन से भी बड़ा भूक्षेत्र था और उनकी संख्या 60 लाख के लगभग थी, जो डेनमार्क, फिनलैंड, आयरलैंड की जनसंख्या से भी ज्यादा थी। कुछ ही सप्ताह की लड़ाई के बाद ISIS ने स्वयं को सीरिया में विपक्ष के एक शक्तिशाली बल के रूप में स्थापित कर लिया और अल कायदा के जबहत अल-नुसरा नामक आधिकारिक सहयोगी को तेल समृद्ध क्षेत्र देर इज्जोर खदेड़ दिया, तथा बचकर भागने की कोशिश करने के अपराध में स्थानीय कमांडर को फाँसी की सजा दे दी। उत्तरी सीरिया में ISIS के लगभग 5,000 लड़ाकू मोसुल में इराकी फौज से प्राप्त टैंक और गोला-बारूद का प्रयोग तुर्की सीमा से लगे कोबानी में कुर्द बहुल क्षेत्रों में कुर्दों की घेराबंदी के लिए कर रहे थे। पामीरा के

नजदीक मध्यवर्ती सीरिया में ISIS ने सीरिया की सेना पर अचानक हमला कर दिया, जिसमें अनुमानत: 300 सैनिक और नागरिक मारे गए, इस युद्ध में सीरियाई फौज को देश के सबसे बड़े गैस क्षेत्र, अल-शीर से हटा दिया गया। सरकार द्वारा किए गए लगातार प्रतिरोधी आक्रमण के परिणामस्वरूप अंतत: उसे गैस क्षेत्रों पर से अपना नियंत्रण छोड़ना पड़ा; लेकिन सीरिया के अधिकांश तेल और गैस उत्पादन पर अभी भी ISIS का नियंत्रण था। जब अमरीका ने बमबारी शुरू की तो उसका प्रमुख लक्ष्य ISIS के तेल स्थलों को नष्ट करना था; लेकिन जो आंदोलन खुदा की इच्छा को पूरा करने का दावा करता हो और शहादत की प्रशंसा करता हो, वह नकदी के अभाव में अपना कार्य (या गंभीर रूप से मनोबल गिर गया हो) बीच में छोड़ तो नहीं सकता।

प्रथम विश्व युद्ध के पश्चात् साइकस-पिकॉट करार लागू होने के तुरंत बाद मध्य-पूर्व के राजनीतिक भूगोल में इस नए राज्य का जन्म बहुत बड़ी घटना थी। फिर भी अंतरराष्ट्रीय स्तर पर आश्चर्यजनक रूप से इस विस्फोटक परिवर्तन से सबसे पहले तो बहुत थोड़ी घबराहट पैदा हुई या इराक और सीरिया में उन लोगों में जो अभी भी ISIS के अधीन नहीं थे। राजनीतिज्ञों एवं राजनयिकों ने प्राय: ISIS को इस तरह से लिया मानो वह कोई बेडोइन छापामार पार्टी है, जो नाटकीय तौर पर मरुस्थल से प्रकट होती है, सफाया करनेवाली जीत हासिल करती है तथा पुन: अपने गढ़ में वापस चली जाती है और यथास्थिति में थोड़ा-बहुत बदलाव लाती है। इसकी गति से और उसके अप्रत्याशित रूप में इसके जन्म से पश्चिमी व क्षेत्रीय नेता इसकी ओर आकर्षित हो गए और उन्हें यह आशा दिखने लगी कि ISIS और खिलाफत का सुदृढीकरण भी समान रूप से तीव्र और अचानक ही होगा। किसी भी बड़ी विपत्ति की तरह ही उस समय भी लोगों का मन भय और खयाली विचारों के

बीच घूम रहा था कि यह विपत्ति इतनी भी बुरी नहीं थी, जितनी कि पहले इसकी कल्पना की गई थी।

बगदाद में जहाँ लगभग 70 लाख शिया आबादी है, यह मालूम था कि घातक रूप से शिया विरोधी ISIS बलों का शहर पर नियंत्रण होने पर क्या होगा; लेकिन उन्हें इस बात से राहत थी कि ऐसा अभी तक हुआ नहीं था। "सबसे पहले तो हम सैन्य संकट से भयभीत थे; लेकिन हम बगदादी लोग तो पिछले पैंतीस वर्षों से संकट के अभ्यस्त हो गए हैं।" एक महिला ने कहा। यहाँ तक कि जब ISIS का संकट निकट आ गया तब भी इराकी राजनेता राजनीतिक खेल खेलते रहे तथा वे बदनाम प्रधानमंत्री नूर अल-मलिकी को हटाने पर विचार ही करते रहे।

इराक के पूर्व मंत्री के अनुसार, वे सभी घटनाक्रम बहुत असामान्य और विचित्र हैं। बगदाद में किसी भी राजनेता से बात करने पर वे ऐसे बातें करेंगे मानो उन्होंने अपना आधा देश खोया ही नहीं है। इराक के सबसे प्रभावशाली शिया मौलाना अयातुल्लाह अली अल-सिस्तानी के फतवे के बाद वालंटियर मोर्चे तक पर चले गए। जुलाई के अंत तक वे लड़ाकू अपने-अपने घरों को लौटने लगे। उनकी शिकायतें थीं कि उन्हें भर पेट भोजन नहीं मिलता था और उन्हें खुद का हथियार प्रयोग करने और खुद ही गोला-बारूद खरीदने के लिए विवश होना पड़ता था। 15 जुलाई को टिकरित पर नियमित सेना और नवनिर्मित शिया सेना द्वारा बड़े पैमाने पर किया गया एकमात्र प्रतिरोधी आक्रमण एक घातक हमला था, जिसका सामना गोरिल्ला रणनीति द्वारा किया गया और इसे व्यापक क्षति के साथ पराजय का सामना करना पड़ा।

इराकी सेना की निकम्मी प्रवृत्ति में बदलाव के कोई संकेत नहीं थे। टिकरित में सेना की सहायता के लिए वे सिर्फ एक हेलीकॉप्टर का प्रयोग कर रहे थे। एक पूर्व मंत्री के अनुसार, ये सभी तथ्य उन्हें आश्चर्यजनक

प्रतीत हो रहे थे; क्योंकि उन्हें अभी हाल ही में इराक द्वारा खरीदे गए उन 140 हेलीकॉप्टरों की जानकारी नहीं थी। इसका संभावित उत्तर यह था कि उन अन्य 139 हेलीकॉप्टरों को खरीदने के लिए जो पैसे थे, उनकी चोरी हो गई।

इन संकटों के बीच शिया बहुसंख्यकों को इन दो बातों से राहत थी कि यदि सही है तो वर्तमान स्थिति इतनी खतरनाक नहीं है जितनी कि प्रतीत हो रही थी। उनका तर्क है कि इराक के सुन्नी भी विद्रोह में उठ खड़े हुए थे और ISIS के लड़ाकू मलिकी की सुन्नी-विरोधी नीतियों और कार्यों की प्रतिक्रियास्वरूप भड़के विद्रोह के नेता या प्रतिरोध करनेवाली सेना मात्र थे। यदि उसे एक बार हटा दिया जाए जो अमरीका, ईरान और शिया धार्मिक नेताओं के दबाव में अवश्यंभावी प्रतीत हो रहा था तो सुन्नियों के समान कुर्दों के समान ही क्षेत्रीय स्वायत्तता देने के साथ नई सत्ता भागीदारी करार का प्रस्ताव रखा जाएगा। तब सुन्नी जनजाति, भूतपूर्व सैन्य अधिकारी, बॉथ पार्टी से जुड़े वे लोग, जिन्होंने सुन्नी विद्रोह में ISIS का नेतृत्व करने की अनुमति दी थी, अपने खतरनाक सहयोगियों की ओर हाथ बढ़ाएँगे। इसके विपरीत अनेक संकेत होने के बावजूद सभी स्तर पर शियाओं को इस भ्रम से राहत मिल रही थी कि ISIS कमजोर थी और जब सुन्नी उदारवादी नेता एक बार अपने लक्ष्य को प्राप्त कर लेंगे तो उनका त्याग कर दिया जाएगा। उनमें से ही एक शिया तो ISIS के किसी भी अस्तित्व से ही इनकार करता था।

दुर्भाग्यवश, ISIS का न केवल अस्तित्व है, बल्कि यह एक कुशल और क्रूर संगठन है, जिसकी अपने सुन्नी सहयोगियों के हाथों धोखा खाने का इंतजार करने की कोई मंशा नहीं है। मोसुल में इसने यह माँग रखी कि सभी विरोधी लड़ाकू या तो खिलाफत के प्रति वफादारी की प्रतिज्ञा करें या अपने हथियार सौंप दें। जून के अंतिम और जुलाई के

आरंभिक दिनों में आतंकवादियों ने सद्दाम हुसैन के समय के पूर्व अधिकारियों को बंधक बना लिया, जिनमें दो जनरल भी शामिल थे। जिन समूहों ने सद्दाम हुसैन की तसवीरें लगा रखी थीं, उन्हें उसे हटाने या परिणाम भुगतने की चेतावनी दी गई। जेहादी मामलों के विशेषज्ञ अयमेनन अल-तमीमी के अनुसार यह संभव नहीं लग रहा था कि बाकी बचे सेना विरोधी सुन्नी सफलतापूर्वक ISIS के विरुद्ध खड़े होंगे। उनके अनुसार, यदि वे ऐसा करते हैं तो इससे पहले ISIS की स्थिति मजबूत हो। उन्हें जितना जल्दी हो, कार्य करना पड़ेगा, उन्होंने इस बात पर भी बल दिया कि सुन्नी विपक्षी समूह की अधिक उदार मानी जानेवाली शाखा ने भी मोसुल से प्राचीन ईसाई समुदाय के बचे हुए लोगों को वहाँ से रोकने के लिए कुछ भी नहीं किया, जब ईसाई समुदाय को ISIS की इस धमकी के परिणामस्वरूप भागने के लिए विवश होना पड़ा। उन्होंने ऐसा कदम इसलाम धर्म स्वीकार करने के भय से उठाया। साथ-ही-साथ उन्हें यह कह कर डराया गया था कि यदि वे ऐसा नहीं करेंगे तो उनकी हत्या कर दी जाएगी। इस समुदाय या संप्रदाय के लोग, जिनकी शिया या बहु देववाही कहकर निंदा की गई थी, उन्हें या तो फाँसी दी जा रही थी, जेल भेजा जा रहा था या उनकी हत्या की जा रही थी। यदि गैर-ISIS विरोधी सफलतापूर्वक कोई चुनौती देते, तो यह समय भी गुजर जाता।

इराक के शिया वर्ग तो अपनी सेना के इस तरह विघटित हो जाने के घटनाक्रम को कुर्दों की पीठ में छुरा भोंकना या धोखा देना ही मानते थे। अपने ऊपर लगे आरोपों को हटाने के प्रयास में मलिकी ने यह दावा किया कि कुर्दिश राजधानी एरबिल ISIS, बाथ समर्थकों, अल कायदा और आतंकवादियों का मुख्यालय है। अनेक शियाओं का यह विश्वास है कि उन्हें यह एहसास कराया गया है कि उनके सुरक्षा बल (नाम मात्र

के लिए 3,50,000 सैन्य और 6,50,000 पुलिस) इसलिए असफल हो गए, क्योंकि उनके साथ धोखा किया गया था, इसलिए नहीं कि वे लड़ नहीं पाए। रमजान की इफ्तार पार्टी में एक इराकी गया हुआ था। उसने बताया कि वहाँ उपस्थित लगभग सैकड़ों शियाओं, जिनमें अधिकांश डॉक्टर और इंजीनियर थे, सभी ने जो कुछ भी हुआ, उसके लिए 'पीठ में छुरा घोंपने' के सिद्धांत को इसके लिए उत्तरदायी माना। कुर्दों के साथ लड़ाई महत्त्वपूर्ण थी, क्योंकि इससे ISIS का विरोधी संयुक्त मोर्चा नहीं बन पाया। इसने यह दिखा दिया कि शिया और कुर्द किस तरह शत्रु से संकट की घड़ी में भी एक-दूसरे के साथ सहयोग नहीं कर सकते हैं। कुर्द नेता मसूद बर्जानी ने भूक्षेत्रों पर कब्जा करने के लिए, इराकी सेना के भाग जाने की स्थिति का फायदा उठाया, जिसमें किरकुक शहर भी शामिल है और जो सन् 2003 से ही कुर्दों व अरबों के बीच विवाद का कारण रहा है। अब खिलाफत के साथ उसकी लगभग 600 मील लंबी सीमा है और हो सकता है कि यह बगदाद का सहयोगी रहा हो, जिसमें कुर्द भी सरकार के महत्त्वपूर्ण अंग होते हैं। कुर्दों को बलि का बकरा बनाने की कोशिश से मलिकी ने यह सुनिश्चित किया कि जब ISIS के साथ शियाओं का टकराव होने पर उनका कोई भी साथ नहीं देगा, यदि वे बगदाद की दिशा में पुनः आक्रमण करते हैं। जहाँ तक सुन्नियों की बात है तो सुन्नी प्रांतों को क्षेत्रीय स्वायत्तता, नौकरी और तेल से प्राप्त राजस्व में बड़ा हिस्सा देने पर भी उनके संतुष्ट होने की संभावना नहीं थी। उनका विद्रोह पूर्ण विरोध क्रांति में बदल गया था, जिसका उद्देश्य पूरे इराक पर सत्ता को वापस लेना था।

जुलाई की झुलसा देनेवाली गरमी में भी बगदाद में युद्ध जैसा भ्रामक वातावरण था, जैसा कि सन् 1939 के उत्तरार्द्ध या सन् 1940 के पूर्वार्द्ध में लंदन या पेरिस में था और कारण भी यही थे। मोसुल के

पतन के बाद युद्ध अवश्यंभावी लग रहा था, लेकिन अभी तक ऐसा हुआ नहीं था और आशावादियों को यह लग रहा था कि युद्ध नहीं होगा। एक शांतिपूर्ण जीवन जीना पहले की तुलना में और भी अधिक कठिन हो गया था। किसी-किसी दिन तो बिजली की आपूर्ति सिर्फ चार घंटे के लिए की जाती थी, लेकिन कम-से-कम युद्ध अभी तक शहर के केंद्र तक नहीं पहुँचा था। शिया नेताओं को अभी तक यह बात समझ में नहीं आ रही थी कि अमरीका द्वारा सद्दाम हुसैन को सत्ताच्युत कर देने के परिणामस्वरूप उनका बगदाद में प्रभुत्व अब खत्म हो चुका है। उसके अब कुछ अवशेष ही शेष रह गए थे। उनकी अपनी ही अकुशलता एवं भ्रष्टाचार के कारण इसका अंत हुआ और सन् 2011 में सीरिया के सुन्नी विद्रोह के कारण भी इराक में सत्ता का सामुदायिक संतुलन बिगड़ गया।

इराक में ISIS के नेतृत्व में सुन्नियों की विजय से सीरिया में सैन्य गतिरोध के टूटने का खतरा पैदा हो गया। कमजोर होते विपक्ष के साथ-साथ असद की स्थिति कमजोर होती जा रही थी। दमिश्क और उसके सुदूरवर्ती क्षेत्रों में लेबनान की सीमा से लगते लामाऊन पर्वत और होम्स में सरकारी फौजें धीरे-धीरे आगे बढ़ रही थीं और वे अलेपो के एक बहुत बड़े विद्रोही क्षेत्र की घेराबंदी करने के निकट पहुँच गए थे; लेकिन असद की लड़ाकू सेनाओं की संख्या स्थल पर कम थी, इसलिए उन्हें बहुत ज्यादा हताहत होने से बचने की जरूरत थी। वे एक समय में सिर्फ एक मोरचे पर लड़ सकते थे।

सरकार की रणनीति थी कि विद्रोहियों के कब्जेवाले क्षेत्रों को हथियारबंद सेनाओं द्वारा की जानेवाली गोलीबारी और हेलीकॉप्टर द्वारा बम गिराकर नष्ट कर दिया जाए, ताकि अधिकांश जनसंख्या वहाँ से निकल भागने के लिए विवश हो जाएँ और बाकी बचे मलबे के ढेर की

नाकाबंदी कर दी जाए और अंततः विद्रोही आत्म-समर्पण करने के लिए विवश हो जाएँ। लेकिन बड़ी संख्या में सशस्त्र ISIS लड़ाकूओं, अभी हाल की अपनी सफलताओं से उत्साहित थे, उन्होंने असद के लिए एक नई और खतरनाक चुनौती खड़ी कर दी। एक षड्यंत्र का सिद्धांत, सीरिया के बाकी विपक्षी और पश्चिम के राजनयिकों यह समझते थे कि ISIS और असद मिले हुए हैं, लेकिन युद्धभूमि में ISIS के विजयी होने के कारण ये अनुमान गलत साबित होते दिखाए गए। उसी तरह बगदाद में माना जाता था कि ISIS कुर्दों के साथ मिले हुए हैं, यह नाटकीय ढंग से तब गलत साबित हो गया, जब ISIS ने कुर्दिश क्षेत्रों पर अपना अगला आक्रमण शुरू कर दिया। सिंजर में पेशमर्ग को पराजित कर दिया गया तथा यजीदियों को वहाँ से भाग जाने को विवश किया गया। इतना ही नहीं, कुर्दों की राजधानी एरबिल के लिए खतरा पैदा हो गया और इराक युद्ध में अमरीकी फौजियों के पुनः प्रवेश को बढ़ावा दिया जाने लगा।

चूँकि सीरियाई विपक्ष में ISIS सबसे बड़ी ताकत बन गया था। इस स्थिति ने पश्चिम और उसके क्षेत्रीय सहयोगियों—सऊदी अरब, कतर, यू.ए.ई. और तुर्की को एक प्रकार से भ्रम की स्थिति में डाल दिया। उनकी आधिकारिक नीति थी असद को उखाड़ फेंकना; लेकिन अब ISIS सीरिया में दूसरा सबसे मजबूत सैन्य बल था। यदि असद का पतन होता है तो इस शून्य को भरने के लिए उसकी स्थिति बिलकुल उपयुक्त थी। जैसा कि बगदाद में शिया नेताओं के साथ हुआ, अमरीका और उसके सहयोगियों ने अपनी काल्पनिक दुनिया में खोकर ISIS के उत्थान में मदद की। उन्होंने यह दिखाने की कोशिश की कि असद और ISIS-दोनों से लड़ने के लिए वे उदारवादी सीरियाई विद्रोहियों की 'तीसरी ताकत' को प्रोत्साहित कर रहे हैं; जबकि अनधिकृत तौर पर

पश्चिमी राजनयिक भी यह स्वीकार करते हैं कि कुछ एक संकटग्रस्त क्षेत्रों को छोड़कर ऐसे किसी समूह का वास्तव में कोई अस्तित्व ही नहीं है।

अयमेनन अल-तमीमी ने इस बात की पुष्टि की कि पश्चिमी देशों से समर्थन प्राप्त ऐसा विरोधी 'लगातार कमजोर होते जा रहे हैं;' उनका मानना है कि उन्हें हथियारों की ज्यादा आपूर्ति करने से स्थिति में बहुत अंतर नहीं आएगा। जब अमरीकी हवाई हमला शुरू हुआ तो अमरीका ने सीरियाई सरकार को तो यह बता ही दिया कि उनका हमला कब और कहाँ होगा, लेकिन 'उदारवादी' विद्रोही को नहीं बताया, जिसे अमरीका खुले तौर पर समर्थन कर रहा था। अमेरिकी फौजियों ने कथित रूप से इस बात का आकलन किया कि वे जो कुछ भी स्वतंत्र सीरियाई सेना, विद्रोही इकाइयों के विस्तृत समूह को बताएँगे, मिनटों में ISIS और जबहत अल-नुसरा को उसका पता चल जाएगा।

मोसुल के पतन के बाद अंतरराष्ट्रीय स्तर पर ISIS का भय फैल गया, लेकिन यह डर गहरा और व्यापक तब हो गया, जब अगस्त माह के मौसम के आरंभ में ISIS ने सिंजर में कुर्द बलों को नष्ट कर दिया और उनका कुर्दों की राजधानी एरबिल पर कब्जा लगभग तय होता प्रतीत हुआ। सहयोगियों और राष्ट्रीय प्राथमिकताओं को अचानक पुनः परिभाषित किया गया। जैसा कि पहले बताया गया है, ISIS और सीरिया के अन्य सुन्नी जेहादियों के आंदोलन को समर्थन व संरक्षण देनेवाले सऊदी अरब, खाड़ी के राजतंत्र और तुर्की ही रहे हैं। लेकिन इसका अर्थ यह नहीं है कि जेहादियों का अपना कोई स्वदेशी आधार नहीं है; उनके उत्थान में महत्त्वपूर्ण रूप से बाहरी सुन्नी शक्तियों की भूमिका रही है।

सऊदी अरब और कतर से मिलनेवाली सहायता मुख्यतः वित्तीय ही थी, जो कि उन्हें प्रायः निजी दान के द्वारा प्राप्त होता था, जिसमें

M16 के पूर्व प्रमुख रिचर्ड डियरलोव के अनुसार उत्तरी इराक के सुन्नी प्रांतों पर नियंत्रण प्राप्त करने में महत्त्वपूर्ण भूमिका रही है। उनके अनुसार, ''ऐसी चीजें अनायास ही नहीं हो जाती हैं।'' जुलाई में लंदन में दिए गए अपने भाषण में उन्होंने कहा कि सऊदी अरब के भीतर सक्रिय जेहादियों को समर्थन देने की नीति में दो विरोधाभासी उद्देश्य रहे हैं : पहला, सऊदी अरब के भीतर सक्रिय जेहादियों का डर और दूसरा, विदेशियों की शिया बलों के विरुद्ध उनके प्रयोग की इच्छा। उन्होंने कहा कि सऊदीवासी ऐसे किसी भी आतंकवाद के प्रति आकर्षित होते हैं, जो शिया राज्यों को प्रभावी चुनौती दे सके।'' इस बात की बिलकुल संभावना नहीं है कि इराक का पूरा सुन्नी समुदाय प्रत्यक्ष व अप्रत्यक्ष रूप से कई सुन्नी आंदोलनों को सऊदी अरब से मिलनेवाली सहायता के बिना ही ISIS के साथ पंक्तिबद्ध हो सके। यही बात सीरिया के मामले में भी सही है, जहाँ वाशिंगटन में सऊदी अरब के पूर्व राजदूत और सन् 2012 से फरवरी 2014 तक सऊदी खुफिया विभाग के प्रमुख प्रिंस बांडर बिन सुलतान जेहादी विपक्ष को तब तक समर्थन देते रहे, जब तक उन्हें पदच्युत नहीं कर दिया गया। यह भय फैला था कि उसने ऐसा क्यों किया? अब सरकार ने अपनी रणनीति की दिशा बदल दी और स्वयंसेवी जेहादियों को गिरफ्तार करना शुरू कर दिया, न कि सीरिया और इराक में उनके प्रवेश की ओर से आँखें मूँद लीं; लेकिन अब शायद बहुत देर हो चुकी थी। सऊदी अरब के जेहादियों की सऊदी अरब के सदन के प्रति न के बराबर सहानुभूति थी। 23 जुलाई को ISIS ने रक्का के उत्तरी प्रांत में स्थित सीरिया के अंतिम सैन्य ठिकाने पर आक्रमण कर दिया। इसकी शुरुआत आत्मघाती कार बम हमले से हुई। उस कार को खतब अल-नज्दी नाम का सऊदी व्यक्ति चला रहा था। उसने क़ार की खिड़कियों पर सऊदी जेलों में बंद तीन महिलाओं के

चित्र लगा रखे थे, जिनमें से एक उसकी भतीजी हिला अल-कासिर भी थी।

ISIS के दूसरे जेहादी समूहों को मदद करने के मामले में तुर्की की भूमिका भिन्न रही है, लेकिन सऊदी अरब से कम महत्त्वपूर्ण नहीं है। इसका सबसे महत्त्वपूर्ण कारण सीरिया से लगती इसकी 560 मील लंबी सीमा को खुला छोड़ देना था। इससे ISIS, अल-नुसरा और दूसरे विरोधी समूहों को अपने सैन्य तथा अन्य साज-सामान लाने के लिए पीछे का एक सुरक्षित अड्डा मिल गया। 'गृहयुद्ध के भीतर गृहयुद्ध' में सीमा पार करने के प्वाइंट या स्थल सबसे ज्यादा विवादास्पद स्थान रहे हैं। अधिकांश विदेशी जेहादियों ने इराक और सीरिया जाते समय ही रास्ते में तुर्की को पार किया। सही आँकड़ों का पता लगाना मुश्किल है। लेकिन हाल ही में मोरक्को के गृह मंत्रालय ने बताया कि मोरक्को के 1,122 जेहादियों ने सीरिया में प्रवेश किया है, जिनमें सन् 2013 में गए 900 जेहादी भी शामिल हैं, जिनमें से 200 मारे गए। इराकी सुरक्षा बलों को यह शंका है कि जब यह देश सन् 2011 में अपने आपको पुन: संगठित कर रहा था तो हो सकता है कि तुर्की की सेना का खुफिया विभाग ISIS की मदद कर रहा हो।

तुर्की की सीमा से मिलनेवाली खबरों के मुताबिक, अब इस देश में ISIS के प्रति सहानुभूति नहीं रही है; लेकिन इराकी सेना से छीने गए हथियार और सीरिया के तेल व गैस के क्षेत्रों पर कब्जा हो जाने के बाद, अब उसे बाहरी सहायता की उतनी जरूरत भी नहीं रही। तुर्की और सीरिया के कुर्द अभी भी तुर्की पर यह आरोप लगाते हैं कि तुर्की ISIS के साथ मिला हुआ है; लेकिन यह शायद अतिशयोक्ति है। यह कहना सच होगा कि तुर्की को अब असद और सीरिया के कुर्दों को कमजोर करने से ISIS को मिला फायदा दिखाई दे रहा है। सितंबर में जैसे ही

सीरिया पर बमबारी शुरू हुई, अमरीका ने इस बात पर गर्व दिखाना शुरू कर दिया कि इसने चालीस राज्यों का एक गठबंधन बना लिया है। लेकिन इस ढीले-ढाले गठबंधन को न केवल व्यवस्थित करना कठिन था, बल्कि इन सबकी अपनी अलग-अलग कार्य-सूची थी, जिसके परिणामस्वरूप संगठित काररवाई असंभव थी।

अमरीका, ब्रिटेन और पश्चिमी शक्तियों के लिए ISIS और खिलाफत का उभरना अंतिम संकट था। सन् 2003 में इराक पर आक्रमण और सन् 2011 तक सीरिया में असद को सत्ताच्युत करने के उनके प्रयासों के पीछे चाहे जो भी मंशा रही हो, लेकिन उनकी मंशा उत्तरी इराक से सीरिया तक फैले ऐसे किसी जेहादी राज्य का निर्माण करना कभी नहीं रही, जिसका संचालन ओसामा बिन लादेन के अल कायदा से सैकड़ों गुना बड़ा और उससे कहीं संगठित आंदोलन द्वारा हो। आतंकवाद के विरुद्ध लड़ाई को आगे बढ़ाने के लिए नागरिक स्वतंत्रता में कटौती की गई और अरबों डॉलर खर्च किए गए। अंततः यह लड़ाई बुरी तरह से असफल साबित हुई। यह मानना कि ISIS को केवल 'मुसलमानों के विरुद्ध मुसलमान' संघर्ष में रुचि है, यह ख़याली विचार का एक अन्य उदाहरण है। ISIS ने यह दिखा दिया है कि जो कोई भी उसके इसलाम धर्म के कट्टर और उग्र रूप को नहीं मानता है, वे उसके विरुद्ध लड़ेंगे। ISIS अल कायदा से इस संदर्भ में भिन्न है कि यह एक सुसंचालित सैन्य संगठन है, जो बड़ी सावधानी से अपने निशाने को चुनता है और उस पर प्रहार करता है।

अनेक लोगों को यह उम्मीद थी कि बगदाद में ISIS द्वारा किए गए अत्याचारों; जैसे ऐसी मसजिदों को ध्वस्त कर देना, जो उसके अनुसार मजार हैं, जैसे कि मोसुल में यूनिस (जोनाह) का मजार। इससे सुन्नी इससे विमुख हो जाएँगे। आगे चलकर वे सबकुछ करेंगे, जो

धार्मिक व सामाजिक नियम के तहत उस पूरे क्षेत्र में ISIS द्वारा लागू किया जाता है। यहाँ पर उस घटना का उल्लेख करना उपयुक्त होगा, जो ISIS द्वारा नियंत्रित क्षेत्र की है और इससे वहाँ के आम लोगों की प्रतिक्रिया का पता चलता है। एक चश्मदीद गवाह महिला बताती है—

"मैं आज ही शाम अपनी बूढ़ी माँ के साथ कुछ खरीदारी करने और दवाइयाँ लेने अपनी गाड़ी से निकली। मेरा पूरा शरीर ढका हुआ था और मेरी आँखों पर एक पतला कपड़ा लगा था, जिससे मेरी आँखें दिखाई पड़ रही थीं। मैं क्या कर सकती हूँ? पिछले सप्ताह एक छोटी सी दुकान की बगल में एक महिला खड़ी थी। उसने पानी पीने के लिए अपना चेहरा खोला। उनमें से एक (ISIS) उसके पास आया और एक मोटी छड़ी उसके सिर पर दे मारी। उसे यह नहीं पता था कि उस महिला का पति पास में ही खड़ा था। उसके पति ने उसको पीटा और वह आकाश में गोली दागता हुआ वहाँ से भाग गया, क्योंकि उस महिला के प्रति सहानुभूति में लोग उसे पीटने के लिए उसका पीछा करने लगे। यह तो बर्बरता की एक कहानी है, जिसमें हम जी रहे हैं।"

अत्यधिक धूम्रपान करनेवालों की भूमि में ISIS द्वारा सिगरेटों के ढेर में आग लगाया जाना लोकप्रिय नहीं है। लेकिन ISIS का विरोध करना अत्यंत खतरनाक है और सारी बर्बरता के बावजूद इसने दबे-कुचले व प्रताड़ित सुन्नी समुदाय के लिए विजय का माहौल उत्पन्न किया है। यहाँ तक शिया बहुल इराकी सरकार की वापसी से डरे हुए हैं। जहाँ तक बगदाद की अपनी पराजय पर प्रतिक्रिया का सवाल है, तो यह है कि उसमें टिकरित और मोसुल पर इधर उधर बमबारी करती रही है, जिससे, निःसंदेह स्थानीय लोगों के जीवित रहने या कल्याण के प्रति इसकी उदासीनता जाहिर होती है। यदि मलिकी के स्थान पर कोई अधिक शक्तिशाली प्रधानमंत्री भी आ जाए तो भी यह भय नहीं खत्म

होगा। मोसुल में एक सुन्नी ने सरकार द्वारा दागी गई मिसाइल के शहर में फटने पर मुझे लिखा कि मलिकी की सेनाओं ने पहले ही टिकरित विश्वविद्यालय को ध्वस्त कर दिया। अन्य शहरों की तरह यह भी मलबे का ढेर बन गया है। यदि मोसुल में मलिकी भी उनके पास पहुँच जाता तो वह यहाँ के लोगों को या तो मार देता या शरणार्थी बना देता। इस तरह के विचार आम हैं और इससे यह संभावना और भी क्षीण हो जाती है कि सुन्नी ISIS और उसकी खिलाफत के विरुद्ध उठ खड़े होंगे। एक नए आतंकी राज का जन्म हुआ है, जो आसानी से खत्म नहीं होगा।

□

4

जेहादियों की रवानगी

इसलामिक स्टेट ऑफ इराक और लेवांत (ISIS इराक में पूर्व अल कायदा) द्वारा सन् 2014 के वसंत में पोस्ट की गई एक वीडियो क्लिप में विदेशी जेहादियों को, संभवत: सीरिया में किसी जगह अपने पासपोर्ट जलाते हुए दरशाया गया है, इसके माध्यम से जेहाद के प्रति उनकी स्थायी प्रतिज्ञा को प्रदर्शित करने का प्रयास किया गया है। व्यावसायिक तरीके से बनाई गई इस वीडियो क्लिप को देखकर कोई भी ऐसा व्यक्ति होश में आ सकता है जो इस कल्पना जगत् में खोया है कि सीरिया में चल रहे युद्ध को रोका जा सकता है; बल्कि इसमें यह दिखाया गया है कि भूमध्य सागर के तटवर्ती क्षेत्र और दजला नदी के बीच के बड़े भूक्षेत्रों की लड़ाई किस तरह से पूरे क्षेत्र को हिला सकती है।

जलाए जानेवाले पासपोर्ट के पहले पन्ने को देखकर आप कह सकते हैं कि उनमें से ज्यादा पासपोर्ट सऊदी अरब के हैं, जो गहरे हरे रंग के हैं या जॉर्डन के हैं, जो कि गहरे नीले रंग के हैं; यद्यपि दूसरे अन्य देशों का भी इस समूह में प्रतिनिधित्व है। जैसे ही कोई व्यक्ति अपने पासपोर्ट के टुकड़े-टुकड़े करके आग में फेंकता है, वह अपने

विश्वास की घोषणा करता है तथा उस देश के शासक से लड़ने की प्रतिज्ञा करता है, जिससे उसका संबंध है। कनाडा के निवासी अरबी बोलने से पहले अंग्रेजी में एक छोटा सा भाषण देते हैं, जो कनाडा और अमरीकी शक्तियों के लिए एक संदेश है। वह भाषण है, ''हम आ रहे हैं और हम आपको तबाह कर देंगे।'' एक जॉर्डन निवासी कहता है, ''मैं जॉर्डन के अत्याचारी से कहता हूँ कि हम अबू मुसाब अल-ज़रक़ावी के वंशज हैं। इराक में अल कायदा का संस्थापक था तथा जो जॉर्डन का था और सन् 2006 में अमरीकी हवाई हमले में मारा गया, अब हम आपको मारने आ रहे हैं।'' सऊदीवासी, मिस्रवासी और चेचेनवासी सभी जेहादियों की उस खुली मंशा पर बल देते हैं कि ये विश्व में कहीं भी अपना कार्य कर सकते हैं। जो चीज उन्हें विशेष रूप से और भी खतरनाक बनाती है, वह है उनका अड्डा। आज उनके कब्जे में अल कायदा से कहीं अधिक क्षेत्र हैं।

यदि आप मध्य-पूर्व का मानचित्र देखेंगे तो आपको पता चलेगा कि उस क्षेत्र में अल कायदा जैसे संगठन घातक रूप से शक्तिशाली हो गए हैं, जिसका विस्तार बगदाद के उत्तर-पूर्व में दियाला प्रांत से लेकर सीरिया के भूमध्य सागर तट तक फैले उत्तर में लटाकिया प्रांत तक था। पश्चिमी इराक, पूर्वी सीरिया से लेकर पूरी फरात घाटी, तुर्की की सीमा तक आज भी यह क्षेत्र ISIS या जबहत अल-नुसरा के अधीन है। जैसा कि यू.एस. के अधिकारी गण कहते हैं, जबहत अल-नुसरा का पाकिस्तान में 'कोर' में प्रतिनिधित्व है। पश्चिमी व उत्तरी इराक और पूर्वी सीरिया के अल कायदा जैसे समूहों का आज ब्रिटेन या मिशिगन के आकार के भूक्षेत्रों पर नियंत्रण है और ये समतुल्य, जहाँ वे अपनी काररवाइयाँ कर सकते हैं, वह इससे भी कहीं बड़ा है।

सीरियाई-इराकी सीमा का तो मुख्यत: अस्तित्व ही खत्म हो गया।

इन दोनों देशों की स्थितियों को अलग-अलग करके देखना उपयुक्त होगा। पहले इराक को लेते हैं। यहाँ सभी सुन्नी क्षेत्रों पर आंशिक या पूर्ण रूप से ISIS का नियंत्रण है। जो देश का लगभग चौथाई हिस्सा है, मोसुल और टिकरित पर उसके नियंत्रण से पहले इसने अपने 6,000 लड़ाकुओं को मैदान में उतारा, इसकी प्रतिष्ठा में वृद्धि होने और इसकी शानदार विजय के उपरांत सुन्नी युवकों में इसकी बढ़ती लोकप्रियता के कारण इसकी संख्या में कई गुना वृद्धि हुई। इसके नाम (दि इसलामिक स्टेट ऑफ इराक और द लेवांत) से ही इसके इरादों की अभिव्यक्ति होती है। इसकी योजना इराक और अलशाम या वृहद् सीरिया में इसलामी राज्य की स्थापना करने की है। सन् 2010 से अबू बक़र अल-बगदादी, जिसे 'अबू दुआ' के नाम से भी जाना जाता है, के नेतृत्व में यह ग्रुप पाकिस्तान स्थित अयमान अल-जवाहिरी के नेतृत्ववाले 'कोर' अल कायदा से भी ज्यादा उग्र और सांप्रदायिक साबित हुआ है।

अबू बक़र अल-बगदादी सन् 2010 की गरमियों के मौसम से परिदृश्य पर उभरा अमरीका और इराकी फौजों द्वारा किए गए हमले में अल कायदा के पूर्व नेताओं के मारे जाने पर वह इराक में इसका नेता बना। इस समय इराक में अल कायदा अपनी समृद्धि की दृष्टि से अत्यंत निम्न स्तर पर था, क्योंकि सुन्नियों का विद्रोह अब कमजोर होता जा रहा था, जिसमें उसने काफी महत्त्वपूर्ण भूमिका निभाई थी। सन् 2011 में सीरिया में सुन्नियों के विद्रोह और अगले तीन वर्षों तक इराक व सीरिया दोनों जगह सावधानीपूर्वक नियोजित आंदोलनों की श्रृंखला से इसे पुन: जीवन मिला। अल-बगदादी इराक में अल कायदा और बाद में ISIS की सैन्य रणनीतियों के लिए किस हद तक प्रत्यक्ष रूप से जिम्मेदार है, यह अनिश्चित है। सद्दाम युग के खुफिया अधिकारी और पूर्व इराकी सेना ने कथित रूप से इसमें महत्त्वपूर्ण भूमिका अदा की है; लेकिन वे भी एक

तरह से अल-बगदादी के अधीन ही हैं।

अल-बगदादी के जीवन का विस्तृत विवरण इस बात पर निर्भर करता है कि इसका स्रोत स्वयं ISIS है या अमरीकी या इराकी खुफिया एजेंसी, लेकिन मोटे तौर पर जो चित्र उभरता है वह काफी हद तक स्पष्ट है। उसका जन्म बगदाद के उत्तर में स्थित मुख्यत: सुन्नी बहुल क्षेत्र समारा में सन् 1971 में हुआ था। वह काफी पढ़ा-लिखा है। उसने इसलामिक यूनिवर्सिटी ऑफ बगदाद से इसलामी अध्ययन के साथ ही कविता, इतिहास और वंशावली में डिग्री ली है। अल-बगदादी दक्षिण इराक में स्थित अमरीका के कैंप बुक्का में अमरीका के कैदी के रूप में बंद रहा था। वहाँ लिये गए चित्र से वह इराक का बीस-पच्चीस वर्ष का एक औसत इराकी युवक दिखाई देता है, जिसके बाल काले और आँखें भूरी हैं।

ऐसा माना जाता है कि उसका वास्तविक नाम अवाद इब्राहिम अली अल-बदरी अल-समाराई है। हो सकता है कि सद्दाम हुसैन के अधीन दियाला प्रांत में वह एक उपदेशक के रूप में इसलामी आतंकवादी रहा हो। दियाला बगदाद के उत्तर-पूर्व में स्थित है, जहाँ सन् 2003 में अमरीका के हमले के बाद उसका अपना सशस्त्र समूह था। विद्रोह आंदोलनों का मुख्य उद्देश्य रहा है अपनी कमांडर संरचना व नेतृत्व के बारे में गुमराह करनेवाली सूचनाएँ देना, लेकिन ऐसा लगता है कि उसने सन् 2005 और 2009 के बीच का पाँच वर्ष का समय अमरीका के बंदी के रूप में बिताया।

इराक में अल कायदा का नेतृत्व सँभालने के बाद यह संगठन लगातार संगठित होता गया। यहाँ तक कि इराक के सभी प्रांतों में उसके द्वारा चलाए गए ऑपरेशनों की विस्तृत वार्षिक रिपोर्ट में भी प्रत्येक ऑपरेशन का अलग-अलग विवरण दिया गया। अपने पूर्ववर्ती के अंत

को याद करके इराक में अल कायदा नेता अल-बगदादी ने अत्यधिक गोपनीयता बनाए रखने पर जोर दिया, इसलिए केवल कुछ ही लोगों को यह मालूम था कि वह कहाँ है। इराक में अल कायदा के बंदी या तो यह कहते हैं कि वे कभी भी उससे मिले नहीं हैं या अगर कभी मिले हैं तो वह चेहरे पर मास्क लगा कर रखता था।

सीरिया में गृहयुद्ध का लाभ उठाते हुए अल-बगदादी ने अल कायदा के सहयोगी के रूप में जे.ए.एन. (J.A.N.) की स्थापना के लिए वहाँ अनुभवी लड़ाकू और धनराशि भेजी। सन् 2013 में वह इससे अलग हो गया; लेकिन उत्तरी सीरिया और इराक के बहुत बड़े क्षेत्र पर अभी भी उसका नियंत्रण बना हुआ था।

विश्रृंखलित और निष्क्रिय विपक्ष के विपरीत अल-बगदादी एक प्रभावशाली या यह कहें कि पकड़ में न आनेवाले नेता के रूप में स्वयं को स्थापित करने की दिशा में तेजी से आगे बढ़ा। उसके नेतृत्व में ISIS के तेजी से उभरने में बहुत बड़ी मदद सन् 2011 में सीरिया में हुए सुन्नियों के विद्रोह से मिली, जिससे इराक के 60 लाख सुन्नियों को सद्दाम हुसैन के पतन के बाद राजनीतिक व आर्थिक हाशिए पर डाल दिए जाने की स्थिति के विरुद्ध खड़े होने के लिए प्रोत्साहित किया गया।

ISIS ने सन् 2013 में सुनियोजित आंदोलन शुरू किया, जिसमें उसी वर्ष गरमी के मौसम में अबू गरीब पर किया गया सफल आक्रमण भी था, जो उसने वहाँ से अपने नेताओं और अनुभवी लड़ाकुओं को स्वतंत्र कराने के लिए किया था। ISIS की सैन्य विशेषज्ञता अल कायदा संगठन की तुलना में कहीं अधिक श्रेष्ठ है, यहाँ तक कि सन् 2006-07 के सफलता के शिखर पर होने के समय भी, जब अमरीका ने इसके अनेक सुन्नी जनजातियों को इसके विरुद्ध भड़का दिया।

ISIS को सीरिया और इराक की सीमा के दोनों ओर अपनी गतिविधियों के संचालन के बहुत फायदे हैं। यद्यपि सीरिया में ISIS को जे.ए.एन. (J.A.N.), अहरार अल-शाम और अन्य जेहादी समूहों के साथ युद्ध भी करना पड़ रहा था। इसका अभी भी तुर्की की सीमा के निकट कुर्दों द्वारा नियंत्रित क्षेत्रों के बाहर पूर्वी सीरिया के अधिकांश क्षेत्रों और रक्का पर नियंत्रण था। युद्ध अध्ययन संस्थान की जेसिका डी. लेविस ने सन् 2013 के अंत में जेहादी आंदोलन पर किए अपने एक अध्ययन में इसकी व्याख्या 'अति ओजपूर्ण, लचकदार और समर्थ संगठन' के रूप में की है, जो बसरा से लेकर तटवर्ती सीरिया तक गतिविधियों का संचालन कर सकता है। ISIS की तेजी से बढ़ती शक्ति का उन लोगों को स्पष्ट आभास हो रहा था, जो उसमें दिलचस्पी ले रहे थे। जो घटित हो रहा था, उसके महत्त्व का आकलन कुछ विदेशी सरकारों द्वारा किया जा रहा था, इसीलिए व्यापक स्तर पर यह आघात लगा कि मोसुल के पतन पर बधाई दी गई।

अपने प्रभाव क्षेत्र का विस्तार करने के लिए ISIS दो कारणों से लाभ उठाने में समर्थ रहा है—पड़ोसी सीरिया में सुन्नियों का विद्रोह और इराक में शिया सरकार का सुन्नियों से मन-मुटाव। सुन्नियों का विरोध दिसंबर 2012 में शुरू हुआ था, आरंभ में यह शांतिपूर्ण था। लेकिन प्रधानमंत्री नूरी अल-मलिकी से किसी प्रकार रियायत की कमी और अप्रैल 2013 में हवीजाह के शांति कैंप में कत्लेआम ने इस शांतिपूर्ण विरोध को सशस्त्र प्रतिरोध में बदल दिया, जिसे इराक की फौज द्वारा उड़ाया गया था और जिसमें 50 से भी ज्यादा आंदोलनकारियों की मौत हो गई थी। अप्रैल 2014 के संसदीय चुनाव में मलिकी ने स्वयं को ऐसे शिया नेता के रूप में प्रस्तुत किया, जो अनबर में केंद्रित सुन्नियों के प्रतिरोधी आंदोलन को कुचल देगा। मोसुल के बाद मलिकी पर यह

आरोप लगा कि उसने इसमें सुधार करने से मना कर दिया, सुधार से हो सकता है, ISIS के प्रति आकर्षण कम होता; लेकिन वह एकमात्र शिया नेता नहीं था, जो यह मानता था कि सुन्नी कभी भी अपने पुराने प्रभुत्व को खोना पसंद नहीं करेंगे।

मलिकी के सांप्रदायिकता का समर्थक होने के कारण सुन्नियों में सामान्य शत्रुता ने ISIS को उन सात या आठ आतंकवादी समूहों के साथ मिलकर कार्य करने के लिए प्रेरित किया, जिनके साथ वे पूर्व में लड़ते आए थे। इराक में जो कुछ गलत हुआ, उसके लिए मात्र मलिकी को जिम्मेदार नहीं ठहराया जा सकता है; लेकिन सुन्नी समुदाय को ISIS की बाँहों में धकेलने में उसने मुख्य भूमिका अदा की; एक ऐसा काम किया, जिसके लिए हो सकता है कि उसे बाद में पछताना पड़े। विरोधाभास तौर पर उसने शिया मतदाताओं को सुन्नी बताकर विद्रोह के बारे में भयभीत किया और अप्रैल 2014 के संसदीय चुनाव में अच्छा प्रदर्शन किया; लेकिन उसने ऐसा व्यवहार किया मानो यह चुनाव जीतने का एक हथकंडा मात्र है और ऐसा लगता है कि उसे इस बात का तनिक भी एहसास नहीं था कि सुन्नी ISIS को अपनी प्रतिरोधी सेना के रूप में प्रयोग करते हुए वास्तव में विद्रोह के कितने निकट थे।

इस असफलता के कारण उसने स्पष्ट चेतावनी एवं संकेतों की भी अनदेखी कर दी। सन् 2014 के आरंभ में ISIS ने बगदाद से 40 मील पश्चिम में स्थित फालुजा पर कब्जा कर लिया। इसके साथ ही इसने अनबर के विस्तृत क्षेत्र एवं पश्चिमी इराक के अधिकांश क्षेत्रों सहित इस विस्तृत प्रांत को भी अपने नियंत्रण में ले लिया। मार्च में उसके सैनिकों ने फालुजा की गलियों में यह दिखाने के लिए पैरेड की कि उसने इराकी सेना से अमरीका निर्मित हमवीस बख्तरबंद छीन लिया है। अमरीकियों के लिए यह घोर अपमान था कि उस शहर पर एक बार फिर अल

कायदा का काला झंडा लहराएगा, जिसे अमरीकी मैरींस ने सन् 2004 में कठिन संघर्ष के बाद जीता था और इस जीत पर खुद की पीठ थपथपाई थी। अभी ISIS का केवल शहर पर नियंत्रण ही नहीं है, बल्कि निकट के फालुजा बाँध पर भी उनका कब्जा है, जिससे फरात नदी के बहाव को नियंत्रण में किया जा सकता है। इस नियंत्रण द्वारा आगे दक्षिण की ओर के शहरों के लिए पानी का तेज बहाव किया जा सकता है या पानी की आपूर्ति काटी जा सकती है। बल-प्रयोग द्वारा उन्हें वहाँ से निकालने में असमर्थ रहने पर बगदाद की सरकार ने नदी के पानी को उस पुरानी नहर में छोड़ दिया, जो इन विद्रोही लड़ाकुओं के नियंत्रण से बाहर थी और इससे उन्हें तात्कालिक संकट से राहत मिली। लेकिन अनबर की लड़ाई में यह साफ हो गया था कि शक्ति का सैन्य संतुलन किस प्रकार ISIS के पक्ष में चला गया था। इराकी सेना को प्रांत में तैनात अपने पाँच डिवीजनों के साथ तबाह करनेवाली पराजय को झेलना पड़ा, जिसमें कथित रूप से उसके 5,000 लोग मृत या घायल हुए और अन्य 12,000 लोगों को इसने छोड़ दिया।

जून 2014 में ISIS सुदूर उत्तर में स्थानीय सुन्नी बलों के साथ मिल गए और मोसुल पर कब्जा कर लिया (मोसुल इराक का दूसरा सबसे बड़ा शहर है, जिसकी जनसंख्या 10 लाख से भी ज्यादा है)। इसके बाद उसने तेजी से इराकी सेना को शहर से खदेड़ दिया। लेकिन जैसा कि एक इराकी ने किसी संदर्भ में टिप्पणी की है, "बहुत पहले ही मोसुल पर से सरकार का नियंत्रण खत्म हो चुका था।" शहर पर उस नियंत्रण से पहले ही ISIS ने बाजार में सब्जी विक्रेता से लेकर मोबाइल फोन बनानेवाली और इमारतों के निर्माण में लगी कंपनियों सहित हर किसी से कर वसूल करना शुरू कर दिया था। एक अनुमान के अनुसार, सिर्फ इससे ही ISIS की आमदनी 80 लाख डॉलर प्रतिमाह

थी। इसी तरह की कर व्यवस्था बगदाद के उत्तर में स्थित टिकरित में भी लागू थी, मेरे एक मित्र ने मुझे बताया कि लोग ऐसे किसी भी रेस्तराँ में खाना नहीं खाते, जो ISIS को कर अदा न करता हो; वरना जब उस जगह पर वे रवाना हो रहे होंगे तो बमबारी हो सकती है।

अब सीरिया की बात करते हुए यहाँ बताना आवश्यक है कि आज असद सरकार के सशस्त्र विरोध में जेहादियों का प्रभुत्व है, जो इसलामी राज्य की स्थापना करना चाहते हैं। वे विदेशी लड़ाकुओं को स्वीकार करते हैं; सीरिया के अल्पसंख्यकों, विशेषकर अलावाइट और ईसाइयों की हत्या का उनका निंदनीय इतिहास रहा है। अपवादस्वरूप कुर्दों द्वारा नियंत्रित कुछ क्षेत्रों को छोड़कर देश के संपूर्ण पूर्ववर्ती क्षेत्रों, जिसमें सीरिया के कई तेल क्षेत्र भी शामिल हैं, पर अब जेहादियों का नियंत्रण था। इस विशाल क्षेत्र में सरकार के पास कुछ ही सीमा चौकी थीं, लेकिन उन क्षेत्रों को वापस लेने के लिए उसके पास सैन्य बल नहीं था।

इस क्षेत्र में विभिन्न जेहादी समूहों के बीच एक-दूसरे के साथ प्रतिद्वंद्विता थी और सन् 2014 के आरंभ से ही वे घातक लड़ाई में उलझे हुए थे। ISIS ने सन् 2012 में जे.ए.एन. (J.A.N.) की स्थापना की, क्योंकि उसे सीरिया में तेजी से फैलते गृहयुद्ध में यह एक उपयुक्त अवसर लगा और यह भी लगा कि कहीं उसका खुद का संघर्ष भी हाशिए पर न चला जाए। उसने नए जेहादी समूह को पैसे, हथियार और अनुभवी लड़ाकू दिए। एक साल के बाद उसने उस नवनिर्मित अनुभवहीन समूह के ऊपर अपने नियंत्रण को सुदृढ करने की कोशिश की, इस प्रकार उसने इस समूह को मिलाकर एक विस्तृत संगठन बनाने की कोशिश की, जिसका विस्तार सीरिया और इराक दोनों पर हो। नवनिर्मित समूह जे.ए.एन. ने ISIS के इस प्रयास का प्रतिरोध किया और वे एक जटिल अंत:जेहादी गृहयुद्ध में फँस गए।

विरोधियों का एक शक्तिशाली सहयोगी नवनिर्मित इसलामी फ्रंट, जिसको तुर्की और उत्तर का भी समर्थन प्राप्त था, यह भी आई.एस.आई.एस. के साथ युद्धरत था; यद्यपि इसका लक्ष्य भी इसलामी कानून को सख्ती से लागू करना था। जहाँ तक धार्मिक और सामाजिक नैतिकताओं की बात है तो इन दोनों संगठनों में कोई विशेष अंतर नहीं है, फिर भी जे.ए.एन. को कम कठोर होने की ख्याति प्राप्त है। सीरिया के पूर्व में फरात में डेइर एजर की शादी की गहमागहमीवाले एक निजी मकान में घुसने वाले जे.ए.एन. के लड़ाकू ही थे, जहाँ उन लोगों ने ऊँची आवाज में गाना सुन रही महिलाओं एवं इसलामी पोशाक न पहननेवाली महिलाओं को बुरी तरह पीटा और उन्हें गिरफ्तार कर लिया।

इस लड़ाई के बावजूद सीरियाई विपक्ष में आज गैर-जेहादी समूह गौण हैं। विशेषकर अधिक धर्मनिरपेक्ष फ्री सीरियन आर्मी (एफ.एस.ए.), जिसकी राजनीतिक शाखा को एक बार पश्चिम द्वारा सीरिया के अगले शासक के रूप में घोषित किया गया था, वह भी हाशिए पर चली गई है। पूर्वी अलेपो प्रांत ISIS के नियंत्रण में है, जबकि अलेपो शहर में ही हाल की अधिकांश लड़ाइयों का नेतृत्व जे.ए.एन. और अहरार अल-शाम द्वारा किया गया। ये दोनों अल कायदा की तरह के आंदोलन हैं। लटाकिया के सीरिया सरकार के नियंत्रणवाले क्षेत्र में हाल ही में किए गए एक आक्रमण का नेतृत्व चेचेन के जेहादियों के साथ-साथ मोरक्को के जेहादी द्वारा किया गया था। लटाकिया भूमध्य सागर के तटवर्ती क्षेत्रों पर स्थित है। इसी बीच जे.ए.एन. लड़ाकुओं ने दमिश्क के कुछ उपनगरीय क्षेत्रों तथा तुर्की की सीमा तक फैले विभिन्न गाँवों व शहरों पर नियंत्रण कर लिया। ISIS तथा अन्य जेहादियों के बीच लड़ाई वास्तव में मुनाफे या लाभ को लेकर थी, इससे भी ज्यादा वे बताना चाहते थे कि वे कितने ताकतवर हैं, जबकि दीर्घकालिक लक्ष्यों के प्रति उदासीन थे।

इराक और सीरिया में जेहादी संगठनों की पहुँच व ताकत में तेजी से हुई इस वृद्धि को आग तौर पर पश्चिम के राजनीतिज्ञों और मीडिया द्वारा काफी हद तक स्वीकार नहीं किया गया। इसका मुख्य कारण यह है कि पश्चिम की सरकारें और उनके सुरक्षा बल जेहादियों के खतरे को मुख्यत: अल कायदा या कोर अल कायदा द्वारा सीधे नियंत्रित खतरे के रूप में संकीर्ण रूप से परिभाषित करते हैं। इससे उन्हें जमीनी सच्चाइयों की बजाय कथित रूप से 'आतंक के विरुद्ध युद्ध' में मिली अपनी सफलताओं का अधिक उल्लासपूर्ण चित्र प्रस्तुत करने में सहायता मिलती है, वास्तव में यह विचार खुद को धोखा देनेवाली बात है कि केवल उन जेहादियों को इस स्थिति में चिंतित होने की जरूरत है, जिन्हें अल कायदा का औपचारिक वरदान मिला हुआ है, उदाहरणस्वरूप इस बात की उपेक्षा कि अल कायदा नेता अयमान अल-जवाहिरी द्वारा अत्यधिक हिंसा और संप्रदायवाद के लिए अल कायदा की निंदा किया जाना। इस वर्ष के आरंभ में तुर्की के दक्षिण-पूर्व में उन अनेक सीरियाई जेहादी विद्रोहियों से बात करने के बाद, जिसका प्रत्यक्ष रूप से अल कायदा से संबंध नहीं है, एक स्रोत से मुझे पता चला कि 'बिना किसी अपवाद के उन सभी ने 9/11 के हमले पर खुशी व्यक्त की और आशा व्यक्त की कि ऐसी घटना यूरोप और अमरीका में भी घटेगी।

सैद्धांतिक रूप में अल कायदा के निकट समझे जानेवाले जेहादी समूहों को उदारवादी माना जाता है, यदि उनकी गतिविधियाँ अमरीका की नीतियों के उद्देश्यों का समर्थन करनेवाली मानी गई तो सीरिया में अमरीकियों ने सऊदी अरब के जॉर्डन आधारित एक 'दक्षिणी फ्रंट' के निर्माण की योजना का समर्थन किया, जो दमिश्क में असद सरकार की विरोधी होगी और साथ ही उत्तर व पूर्व में अल कायदा की तरह विद्रोहियों की भी विरोधी होगी। शक्तिशाली लेकिन उदारवादी माने जानेवाले चारमोक

ब्रिगेड को कथित रूप से सऊदी अरब से विमानरोधी मिसाइल प्राप्त होनी थी, इस नई व्यवस्था में इस बिग्रेड को एक प्रमुख हिस्सा बनना था। लेकिन अनेक वीडियो क्लिपों में इसे अल कायदा से संबद्ध जे.ए.एन. के साथ मिलकर लड़ते हुए बहुत बार दिखाया गया है। चूँकि इस बात की संभावना थी कि लड़ाई के बीच में ही ये दो समूह अपने अस्त्र-शस्त्र एक-दूसरे के साथ साझा करेंगे, वाशिंगटन उन्नत हथियारों को सबसे खतरनाक शत्रुओं को सौंपने की प्रभावी योजना बना रहा था। इराकी अधिकारियों द्वारा इस बात की पुष्टि की गई कि उन्हें इराक में ISIS लड़ाकुओं से श्रेष्ठ हथियार बरामद हुए। मूलतः इन शास्त्रों की आपूर्ति बाहरी शक्तियों द्वारा उन बलों को की गई थी, जिन्हें सीरिया में अल कायदा का विरोधी माना जाता था।

जब शत्रुओं की पहचान की जानी हो तो अल कायदा का नाम ढीले-ढाले तरीके से लिया जाता है। सन् 2003 और 2004 में जब इराक में अमरीका व ब्रिटेन के नेतृत्व में कब्जे के विरोध में सशस्त्र इराकी विरोध बढ़ा तो अमरीकी अधिकारियों ने अधिकांश आक्रमणों के लिए अल कायदा को जिम्मेदार ठहराया, जब उनमें से अधिकांश हमले राष्ट्रवादी और बाथ पार्टी के समर्थक समूहों द्वारा किए गए थे। इराक पर आक्रमण से पहले इस तरह के प्रचार से अमरीका में लगभग 60 प्रतिशत मतदाताओं को इस बात का यकीन हो गया कि सद्दाम हुसैन और 9/11 के हमलावरों के बीच संबंध है, जबकि इस बात का कोई प्रमाण नहीं था। इराक में ही नहीं, बल्कि समस्त मुसलिम जगत् में इस तरह के आरोपों से अल कायदा को फायदा मिला है; क्योंकि अमरीकी और ब्रिटिश कब्जों का प्रतिरोध करने में उसकी भूमिका को बहुत बढ़ा-चढ़ाकर दिखाया गया।

सन् 2011 में लीबिया में पश्चिमी सरकारों द्वारा इसके ठीक विपरीत

प्रचार की रणनीति अपनाई गई, जहाँ लीबियाई नेता मुअम्मर गद्दाफी को उखाड़ फेंकने के लिए संबंधित नाटो समर्थित विद्रोहियों और अल कायदा के बीच किसी भी प्रकार की समानता को दबाया गया। सिर्फ उन जेहादियों को ही खतरनाक माना गया, जिनका सीधा संचालन संबंध ओसामा बिन लादेन के कोर अल कायदा से था। ऐसा माना जाता था कि लीबिया में गद्दाफी-विरोधी जेहादी उन जेहादियों की तुलना में कम खतरनाक थे, जिनका सीधा संबंध अल कायदा से था, इस झूठ का प्रबल लेकिन दु:खद रूप से तब पर्दाफाश हुआ, जब सितंबर 2012 में बेनगाजी में जेहादी लड़ाकुओं द्वारा अमरीकी राजदूत क्रिस स्टीवेंस की हत्या कर दी गई। ये वही लड़ाकू थे, जिनकी पश्चिमी सरकार और मीडिया द्वारा गद्दाफी विरोधी विद्रोह के लिए प्रशंसा की जाती थी।

अल कायदा कोई संगठन नहीं, बल्कि यह विचार है और लंबे समय से यही स्थिति रही है। सन् 1996 के बाद पाँच वर्ष तक अफगानिस्तान में इसके पास ढाँचा, कैंप और संसाधन सबकुछ जरूर थे, लेकिन सन् 2001 में तालिबान के सत्ताच्युत होने के बाद इन्हें वहाँ से निकाल दिया गया। उसके बाद अल कायदा मुख्यत: एक नारा, इसलामी राज्य के निर्माण के लिए केंद्रित इसलामी विश्वास भर बनकर रह गया, जिसका उद्देश्य इसलाम के कानूनों को लागू करना, इसलामी रीति-रिवाजों को पुन: वापस लाना, महिलाओं की अधीनता और अन्य मुसलमानों, विशेषकर शियाओं, के विरुद्ध जेहाद, जिन्हें धर्म-विरोधी और मृत्यु के योग्य माना जाता है। युद्ध के इस सिद्धांत के केंद्र में धार्मिक विश्वास और प्रतिबद्धता के संकेत के रूप में आत्म-बलिदान और शहादत पर जोर दिया गया। इसके विनाशकारी प्रभाव के रूप में अप्रशिक्षित और धर्मांध अनुयायियों को आत्मघाती बमों के रूप में प्रयोग किया जाने लगा।

यह बात हमेशा से ही अमरीका और दूसरी सरकारों के हितों में रही है कि अल कायदा को मिनी पेंटागन के रूप में एक संगठित संरचना या अमरीका के माफिया की तरह देखा जाए। अल कायदा को ऐसे रूप में प्रस्तुत करने से जनता को राहत मिलती थी, क्योंकि कोई भी संगठित समूह, वह चाहे कितना ही पैशाचिक क्यों न हो, उसका मृत्यु या कैद से सफाया हो सकता है। इससे भी खतरनाक बात यह है कि ऐसे किसी आंदोलन का अनुयायी स्वयं भरती होता है और वह कहीं भी उठ खड़ा हो सकता है।

ओसामा बिन लादेन के आतंकवादियों के समूह को 9/11 की घटना के बाद तक अल कायदा नहीं कहा जाता था, बारह साल पहले वह समूह भी जेहादी समूहों में से एक था। लेकिन आज जेहादी समूहों ने इसके विचारों और तरीकों को प्रमुखता दी है, क्योंकि वाशिंगटन द्वारा इसे अमरीकी-विरोधी सभी प्रकार की गतिविधियों के स्रोत के रूप में प्रस्तुत किया गया तथा इराक में युद्ध एवं ट्विन टॉवर के विनाश से इसे प्रतिष्ठा और लोकप्रियता मिली है। आजकल जेहादियों के विश्वास में कमी होती जा रही है। इस बात का अब कोई महत्त्व नहीं रह गया है कि उनसे पूर्व उनके समूह कोर अल कायदा से संबद्ध रहे हैं या नहीं।

आश्चर्यजनक रूप से सरकारें अल कायदा के काल्पनिक चित्र को अधिक पसंद करती हैं, क्योंकि उससे उन्हें उस समय अपनी विजय का दावा करने में मदद मिलती है जब उन्हें परिचित सदस्यों और सहयोगियों की हत्या करने में सफलता मिलती है। कभी-कभी तो निकाले गए लोगों को 'ऑपरेशन प्रमुख' जैसी अर्द्ध-सैन्य पदवियाँ दी जाती हैं, ताकि उनकी मृत्यु के महत्त्व को बढ़ाया जाए। 'आतंक के विरुद्ध युद्ध' के इस अत्यधिक प्रचारित, लेकिन व्यापक रूप से इस असंगत पहलू की चरम परिणति सन् 2011 में पाकिस्तान के एबटाबाद में ओसामा बिन लादेन की हत्या

थी। इससे राष्ट्रपति ओबामा को अमरीकी जनता के सामने स्वयं को ऐसे व्यक्ति के रूप में प्रस्तुत करने में मदद मिली, जिसने अल कायदा नेता को ढूँढ़ निकालने की काररवाई का संचालन किया था। जो भी हो, व्यावहारिक शब्दों में अल कायदा जैसे जेहादी समूहों पर उसकी मृत्यु का बहुत ज्यादा प्रभाव उसके बाद ही पड़ा है।

वे महत्त्वपूर्ण निर्णय, 9/11 की घटना के कुछ ही घंटों बाद लिये गए। जिसने अल कायदा के जीवित रहने और फिर बाद में उसके विस्तार में सहायता की, विमान को ट्विन टॉवर और अन्य महत्त्वपूर्ण अमरीकी इमारतों पर गिराए जाने की योजना के सभी प्रमुख घटक सऊदी अरब की ओर ही संकेत करते हैं। ओसामा बिन लादेन सऊदी अरब के कुलीन वर्ग का एक सदस्य था और उसके पिता का सऊदी राजघराने के साथ निकट का संबंध था। सन् 2002 की सी.आई.ए. रिपोर्ट को उद्धृत करते हुए 9/11 की अधिकारिक रिपोर्ट यह बताती है कि धन के लिए अल कायदा अपने विभिन्न दाताओं और धन उगाहनेवालों पर निर्भर था, जिनमें प्रमुख रूप से खाड़ी के देश और विशेष रूप से सऊदी अरब शामिल है। रिपोर्ट के जाँचकर्ताओं को जाँच के दौरान सूचनाओं की प्राप्ति में या तो उनकी सूचनाओं तक सीमित पहुँच थी या वहाँ तक पहुँच थी ही नहीं। फिर भी राष्ट्रपति जॉर्ज डब्ल्यू. बुश ने जो कुछ हुआ, उसके लिए प्रकटत: कभी भी सऊदी अरब को जिम्मेदार ठहराने के लिए सोचा तक नहीं। ओसामा बिन लादेन के रिश्तेदारों सहित सऊदी अरब के वरिष्ठ अधिकारियों को अमरीका से सुरक्षित निकलने में 9/11 की घटना के कुछ दिनों बाद ही अमरीका सरकार द्वारा मदद की गई। सबसे महत्त्वपूर्ण बात तो यह है कि 9/11 की कमीशन रिपोर्ट में हमलावरों और सऊदी अरब के बीच के संबंधों के बारे में 28 पेज की रिपोर्ट को काटकर निकाल दिया गया और उसे कभी

भी छापा ही नहीं गया, यद्यपि राष्ट्रीय सुरक्षा के मुद्दे पर राष्ट्रपति ओबामा द्वारा इसे छापने का वायदा किया गया था।

सन् 2009 में 9/11 की घटना के आठ वर्ष के बाद विकीलिक्स द्वारा यह रहस्योद्घाटन किया गया कि विदेश मंत्री हिलेरी क्लिंटन के केबल में यह शिकायत की गई थी कि सारी दुनिया के सुन्नी आतंकवादी समूहों को वित्तीय सहायता देनेवाला सबसे महत्त्वपूर्ण स्रोत सऊदी अरब है। निजी तौर पर यह स्वीकार किए जाने के बावजूद अमेरिका और पश्चिमी यूरोप सऊदी प्रचारकों के प्रति उदासीन ही नहीं बने रहे, जिनके संदेश उपग्रह, टी.वी., यू ट्यूब और ट्वीटर के माध्यम से लाखों लोगों तक पहुँचते रहते हैं। इनमें शियाओं को धर्मांध बताकर उनकी हत्या करने का आह्वान किया गया था। यह आह्वान तब किया गया, जब अल कायदा के बम इराक में शियाओं की हत्या कर रहे थे। उसी वर्ष एक अन्य राज्य विभाग के केबल का उप-शीर्षक था 'सऊदी अरब ने विदेशी नीति के रूप में शिया विरोधी विचारधारा।' अब पाँच वर्ष बाद सऊदी समर्थित समूह ने गैर-सुन्नी मुसलमानों के विरुद्ध सबसे ज्यादा सांप्रदायिक होने का रिकॉर्ड बनाया है। इंटर सर्विसेज इंटेलीजेंस के रूप में पाकिस्तानी खुफिया एजेंसी फौज, अल कायदा, तालिबान और सामान्य रूप से जेहादी आंदोलनों की संरक्षक थी।

जब सन् 2001 में अमरीकी बमबारी के दबाव से तालिबान बिखर रहा था, उसकी सेनाएँ उत्तरी अफगानिस्तान में तालिबान विरोधी फौजों द्वारा घेर ली गई थीं। इससे पहले कि वे समर्पण करते, ISIS के सैकड़ों सदस्य, सैन्य प्रशिक्षक और सलाहकारों को विमान से तेजी से निकाल लिया गया। तालिबान और सामान्य रूप से जेहादियों को ISIS द्वारा संरक्षण दिए जाने के स्पष्ट प्रमाण होने के बावजूद वाशिंगटन ने पाकिस्तान के साथ किसी भी तरह का टकराव लेने से इनकार कर दिया और इस

तरह से सन् 2003 के बाद तालिबान के पुनः सक्रिय होने का मार्ग प्रशस्त किया। बाद में न तो अमरीका और न ही नाटो इसे दबाने में सफल हो पाया।

'आतंक के विरुद्ध' लड़ाई विफल हो गई, क्योंकि इसने पूरे जेहादी आंदोलन को अपना निशाना नहीं बनाया और उससे भी बढ़कर सऊदी अरब और पाकिस्तान को इस युद्ध में शामिल नहीं किया। ये दोनों जेहादवाद को मत और आंदोलन के रूप में प्रोत्साहित करते हैं। अमरीका ने इन दोनों देशों के विरुद्ध लड़ाई नहीं छेड़ी, क्योंकि ये देश अमरीका के सहयोगी हैं, जिन्हें वह नाराज करना नहीं चाहता है। सऊदी अरब अमेरिकी हथियारों का बहुत बड़ा बाजार है और सऊदी अरब ने ये शस्त्र विकसित किए तथा अमरीकी राजनीतिक व्यवस्था के प्रभावशाली सदस्यों को खरीदा गया। 18 करोड़ जनसंख्या के साथ ही पाकिस्तान अब एक परमाणु शक्ति संपन्न राष्ट्र है और उसकी सेना के पेंटागन के साथ निकट संबंध हैं।

9/11 की घटना के बाद अमरीका व ब्रिटेन की खुफिया सेनाओं और उनके बजट में व्यापक विस्तार के बावजूद अल कायदा और उससे जुड़े संगठनों का अद्भुत ढंग से पुनरुत्थान हुआ। तब से अमरीका ब्रिटेन के साथ मिलकर अफगानिस्तान व इराक में युद्ध लड़ चुका है और उन्होंने उन्हीं प्रक्रियाओं को अपनाया है, जो आमतौर पर पुलिस राज्य द्वारा अपनाई जाती हैं, जैसे बिना मुकदमे के कैद, प्रताड़ना, घरेलू जासूसी, आदि। सरकारें 'आतंक के विरुद्ध युद्ध' करती हैं और यह दावा करती हैं कि सबकी सुरक्षा को सुरक्षित रखने के लिए नागरिकों के वैयक्तिक अधिकारों का त्याग किया जाना चाहिए।

इन विवादास्पद सुरक्षा मापदंडों के बीच वे आंदोलन असफल तो रहे हैं जो उनके लक्ष्य थे, लेकिन यह आंदोलन और सुदृढ ही हुआ है।

9/11 की घटना के समय अल कायदा एक छोटा और आमतौर पर एक अप्रभावी संगठन था; सन् 2014 तक अल कायदा जैसे समूहों की संख्या में वृद्धि हुई और वे शक्तिशाली बन गए हैं। दूसरे शब्दों में 'आतंक के विरुद्ध' जिसकी वजह से सन् 2001 से विश्व के राजनीतिक परिदृश्य में इतना बदलाव आया है, वह स्पष्ट रूप से असफल रहा है। मोसुल के पतन तक किसी ने भी इस ओर ज्यादा ध्यान नहीं दिया।

□

इराक में सुन्नियों का पुनरुत्थान

इराक में घटनाएँ हमेशा वैसी नहीं होतीं जैसा कि वे प्रतीत होती हैं। उदाहरण के तौर पर दो घटनाओं को लेते हैं, जिससे प्रतीति या आभास और वास्तविकता का अंतर स्पष्ट होता है। पहली घटना जनवरी 2014 में मिलिशिया की मदद से ISIS द्वारा फालुजा को पुन: अधिकार में लेना है। यह इराक की सरकार के एक अंग के अलग होने जैसा है : फालुजा बगदाद से पश्चिम में सिर्फ 40 मील दूर स्थित है। यह सुन्नियों का एक मजबूत गढ़ होने के साथ ही राजधानी का द्वार भी है। ISIS द्वारा इस शहर पर पुन: कब्जा किए जाने और कथित रूप से 300 से 500 के बीच अतिशक्तिशाली स्नाइपर राइफलों से लैस लड़ाकों को इसकी सीमा पर तैनात किए जाने के शीघ्र बाद सरकार के समर्थकों ने फेसबुक और ट्वीटर द्वारा लोगों को आश्वस्त करनेवाले वीडियो बाँटे। इस इराकी अरबी वीडियो में आकाश से लिए गए चित्र थे, जिनमें उन्हें आकाश से दागी गई मिसाइलों द्वारा विद्रोहियों को निशाना बनाते और निकालते दिखाया गया था। यह सरकार के समर्थकों के लिए मनोबल बढ़ानेवाला हथकंडा मात्र था। दुर्भाग्यवश, इस वीडियो के बाँटे जाने के कुछ ही घंटों के बाद किसी को इस बात का पता चला कि ये वीडियो

तो अफगानिस्तान के थे और वास्तव में ये तालिबान लड़ाकुओं पर मिसाइल दागते हुए अमरीकी हवाई जहाज थे। यह संदेहास्पद है कि इराकी वायुसेना इतने सटीक निशाने दागने में समर्थ थी। बाद में इसने विस्फोट भरे बैटल बमों को फालुजा में यहाँ-वहाँ गिराना शुरू किया। छह माह की अवधि में भी फालुजा पर नियंत्रण वापस लेने में नाकामी और इराकी सेना के लिए सांकेतिक विजय गढ़ने की आवश्यकता ने इराक के अतिशक्तिशाली सुरक्षा बलों, जिनमें 3,50,000 सैनिक और 6,50,000 पुलिस शामिल हैं, की कमजोरियों को ही उजागर किया है—एक ऐसी चीज, जिसे जून 2014 में ISIS द्वारा पश्चिमी और उत्तरी इराक पर से सरकार के नियंत्रण से छीन लिया गया, इसे और भी स्पष्ट रूप से दिखाया जाना था।

इस तरह का छल सिर्फ सरकार की ओर से ही नहीं किया जाता है। एक वर्ष पहले दिसंबर 2012 में उदारवादी वित्त मंत्री रफी अल-इसावी के अंगरक्षकों की सरकार द्वारा गिरफ्तारी के विरोध में इराक के मध्य और उत्तरी सुन्नी बहुल प्रांतों में व्यापक लेकिन शांतिपूर्ण विरोध-प्रदर्शन हुए थे। अरबी सुन्नी लोगों का इराक की 3.3 करोड़ जनसंख्या का लगभग पाँचवाँ भाग है। आरंभ में प्रदर्शन को सकारात्मक रूप से लिया गया। प्रदर्शनकारियों की ये माँगें थीं कि सुन्नी समुदाय के विरुद्ध राजनीतिक, नागरिक और आर्थिक भेदभाव का अंत किया जाए। लेकिन जल्द ही उन्हें यह अहसास हो गया कि प्रधानमंत्री नूरी अल-मलिकी द्वारा केवल ऊपरी बदलाव की बातें की जाती थीं। अत: अनेक लोगों ने तो साप्ताहिक प्रदर्शन में भाग लेना ही छोड़ दिया।

सलाह अद-दीन प्रांत की राजधानी टिकरित, सुन्नी बहुल शहर था, जहाँ पहले तो 10,000 लोग रैली में भाग लेने आए, जिनकी संख्या घटकर बाद में 1,000 रह गई। एक स्थानीय पर्यवेक्षक के अनुसार, वहाँ

यह निर्णय लिया गया कि सिर्फ एक मसजिद को छोड़कर शुक्रवार को सभी मसजिदें बंद रहेंगी, ताकि सभी मुसलमानों को नमाज के लिए उसी मसजिद में जाने के लिए विवश किया जा सके। भीड़ को तेजी से फिल्माया गया और उसकी वीडियो भी बनाई गई और उन चित्रों व वीडियो को खाड़ी के देशों में भेजा गया और इसके द्वारा उन्हें वित्तीय सहायता देनेवाले उनके मालिकों को यह दिखाकर बेवकूफ बनाया गया (या हो सकता है कि वे बेवकूफ न बने हों) कि प्रदर्शनकारी अभी भी लोगों को आकर्षित कर रहे हैं। टिकरित में प्रत्यक्षदर्शियों ने यह बताया कि उन पैसों को कथित रूप से उन प्रदर्शनकारियों को लाने-ले जाने और खिलाने के लिए खर्च किया गया, जिनका कोई अस्तित्व ही नहीं था। उन प्रदर्शनकारियों को प्रदर्शनकारी नेताओं द्वारा धोखा देकर उठा लिया गया था। संदेश यह नहीं था कि सुन्नी पहले की तुलना में कम गुस्से में थे, बल्कि यह था कि शांतिपूर्ण प्रदर्शन अब सशस्त्र प्रतिरोध में बदलता जा रहा था।

इन दो कहानियों से समकालीन इराक के बारे में एक महत्त्वपूर्ण राजनीतिक सच सामने आता है कि न तो सरकार और न ही कोई भी संवैधानिक राजनीतिक आंदोलन इतना शक्तिशाली है, जितना वे होने का दिखावा करते हैं। सत्ता विभाजित है और इस विभाजन से ही ISIS को किसी की भी अपेक्षा के विपरीत और अधिक शक्तिशाली बनकर और तेजी से उभरने में मदद मिली।

ISIS को जो भी बल और बदनामी मिली वह जून 2014 की घटना के रूप में सामने आई। मोसुल की विजय ने सबको आश्चर्यचकित कर दिया था। यहाँ तक कि ISIS के लिए भी यह एक अत्यंत आश्चर्यजनक घटना थी। "समर्थक और शत्रु दोनों ही अचंभित थे।" ISIS प्रवक्ता अबू मोहम्मद अल-अदनानी ने बताया। इतिहास में ऐसे

किसी भी उदाहरण के बारे में सोचना कठिन है, जिसमें पंद्रह डिवीजन वाली लाखों गुना शक्तिशाली सुरक्षा अनुमानित 6,000 लड़ाकुओं शत्रु के आक्रमण के सामने इतनी तेजी से बिखर गई। इस घटना को सफल बनानेवाला एक प्रमुख कारक यह तथ्य था कि संपूर्ण सुन्नी समुदाय अपने अत्याचारों का अंत निकट देखकर ISIS को कम-से-कम अपना मौन समर्थन देने को तैयार थे।

इराकी सेना में मनोबल और अनुशासन की कमी भी इसका एक प्रमुख कारण थी। इराकी सेना की पराजय के कारणों के बारे में पूछने पर हाल ही में सेवानिवृत्त इराकी जनरल ने जोर देकर बताया कि भ्रष्टाचार! भ्रष्टाचार! भ्रष्टाचार! उन्होंने आगे बताया कि इसकी शुरुआत सन् 2005 में तब हुई जब अमरीकियों ने इराकी फौज को रसद और अन्य आपूर्ति बाहरी स्रोत को ठेके पर देने के लिए कहा। एक बटालियन के कमांडर को 600 सैनिकों की एक इकाई के लिए पैसे मिलते थे; लेकिन उसके अधीन केवल 200 सशस्त्र सैन्य ही थे, बाकी पैसे वह हड़प लेता था। संख्या के अंतर से मोटा मुनाफा उसे मिलता। वरिष्ठ अधिकारियों के लिए सेना धन उगाहने की एक मशीन बनकर रह गई और यह समूह सीमा चौकी पर तैनात सैनिकों को प्राय: डरा-धमकाकर पैसे उगाही करता था। सबसे बढ़कर पूर्ण रूप से प्रशिक्षित सुन्नी सैन्य अधिकारियों को किनारे लगा दिया गया।

"इराक के पास वास्तव में एक भी राष्ट्रीय सेना नहीं है।" जनरल ने अपनी बात खत्म करते हुए कहा।

सेना में भ्रष्टाचार हर स्तर पर व्याप्त था। एक जनरल 20 लाख डॉलर देकर डिवीजन कमांडर बन सकता था और वह निवेश की क्षतिपूर्ति के लिए सीमा चौकी पर से गुजरनेवाले हर मालवाहक गाड़ी से पैसे वसूल करता था। कुछ वर्ष पूर्व एक इराकी व्यापारी के अनुसार उसने

बसरा पत्तन से सामान का आयात करना छोड़ दिया है, क्योंकि उसे अपने माल के जहाज से बगदाद तक पहुँचते समय हर स्तर पर अधिकारियों से लेकर सेना तक जितने पैसे देने पड़ते हैं, वह उसके लिए लाभ का सौदा नहीं रह जाता है।

कुछ अज्ञात स्रोतों के अनुसार, सद्दाम हुसैन के अधीन सैनिक प्राय: फौज की नौकरी छोड़ देना चाहते थे। उन्हें मुश्किल से ही वेतन मिलता था। लेकिन उन्हें यह मालूम था कि यदि वे नौकरी छोड़ेंगे तो उनकी हत्या कर दी जाएगी, इसलिए रणभूमि में मरना बेहतर था। वर्तमान सेना कभी भी राष्ट्रीय सेना नहीं रही है। उसके सैनिकों की रुचि केवल अपने वेतन में थी और अब उन्हें उस बात का कोई डर नहीं था कि यदि वे सेना की नौकरी छोड़कर भाग गए तो उनके साथ क्या होगा?

इराकी सीधे-सादे नहीं हैं। पिछले पचास वर्षों में देश पर शासन करनेवाले शासकों के दु:खद अनुभवों से वे उन्हें मतलब परस्त लालची, बर्बर और अक्षम रूप में जानते हैं। लगभग दस वर्ष पहले उन्हें यह आशा थी कि निरंतर आपातकालीन अवस्था में रहने की स्थिति से हो सकता है कि वे निकल भागें, क्योंकि अमरीका और ब्रिटेन सद्दाम हुसैन को उखाड़ फेंकने की योजना बना रहे थे।

कुछ अन्य लोग विदेशों से इराक लौटनेवाले इराकियों के प्रति सजग थे, जिन्होंने एक नए राष्ट्र के निर्माण का वायदा किया था। सन् 2003 के आक्रमण और कब्जे से कुछ माह पहले एक सिविल प्रशासन ने गुप्त रूप से एक साक्षात्कार दिया, जिसमें उन्होंने बगदाद के बारे में भयानक भविष्यवाणी की, ''निर्वासित इराकी उन लोगों की हूबहू प्रतिकृति हैं, जो वर्तमान में हम पर शासन कर रहे हैं, उनमें एकमात्र अंतर यह है कि हम पर अभी शासन करनेवाले संतुष्ट हैं, क्योंकि वे पिछले तीस वर्षों से हमें लूट रहे हैं।'' उसने बताया, ''जो अमरीकी फौजों का साथ

देंगे, वे लुटेरे होंगे।''

कई इराकी, जो अमरीका के नेतृत्व में इराक पर किए गए आक्रमण के बाद वापस आए, वे उच्च सिद्धांतवादी लोग थे, जिन्होंने सद्दाम के विरोधियों के रूप में न जाने कितने त्याग किए थे। एक दशक तेजी से बीता और इराक की नई सरकार के अत्यधिक लालची होने के बारे में अज्ञात सिविल सर्वेंट द्वारा की गई भविष्यवाणी शब्दशः सही साबित हुई। जैसा कि एक पूर्व मंत्री ने लिखा है, ''इराक की सरकार संस्थागत ऐसा तंत्र है, जिसमें शासितों की तुलना में शासक वर्ग अपने-अपने निजी लाभ और प्रतिष्ठा के प्रति ज्यादा चिंतित रहते हैं।''

''भ्रष्टाचार का स्तर अविश्वसनीय है।'' राजनीतिक वैज्ञानिक और सक्रिय नेता ग़सन अल-अतियाह ने बताया, ''जब तक आप रिश्वत नहीं देते, आपको सेना में नौकरी नहीं मिल सकती है; जेल से बाहर आने के लिए भी आपको रिश्वत देनी पड़ती है। हो सकता है कि कोई न्यायाधीश आपको स्वतंत्र कर दे, लेकिन कागज आदि के खर्च के लिए आपको पैसे देने होंगे, अन्यथा आपका कार्य आगे नहीं बढ़ेगा। यदि आप जेल से निकल भी गए तो आप किसी अन्य अधिकारी द्वारा भी पकड़े जा सकते हैं, जिसने उस नौकरी को प्राप्त करने के लिए 10,000 से 50,000 डॉलर तक रिश्वत दी है और वह उस पैसे को वापस निकालना चाहता है।'' कैच-22 का इराकी संस्करण—हर चीज बिकाऊ है। एक पूर्व कैदी ने बताया कि उसे अपने प्रहरियों को एक बार नहाने के लिए 100 डॉलर अदा करने पड़ते थे। गैर-कानूनी ढंग से पैसे उगाहना पहले भी एक प्रतिमान था और आज भी है। एक उद्योगपति ने जमीन के भीतर गड़ी पाइप लाइन के ऊपर अपना घर बनाया, उसे खोदा और बड़ी मात्रा में तेल निकाल लिया।

भ्रष्टाचार ने इराकियों के दैनिक जीवन को जटिल और विषाक्त कर दिया है, विशेषकर उनके, जिनकी रिश्वत देने की स्थिति है। रिश्वत

की लगातार माँग ने राज्य और अर्थव्यवस्था दोनों को ही कमजोर किया है। उच्च स्वायत्त कुर्दिस्तान की क्षेत्रीय सरकार अत्यधिक भ्रष्ट मानी जाती है; लेकिन इसके बावजूद इसकी अर्थव्यवस्था का विकास हो रहा है और इसके आर्थिक प्रबंधन की देश के लिए एक मॉडल के रूप में प्रशंसा की जाती है। इराक के लिए सर्वाधिक हानिकारक रहा, सार्वजनिक कोष की थोक रूप में चोरी। लगभग 10 अरब डॉलर खर्च करने के बावजूद इराक में बिजली तथा अन्य आवश्यक चीजों का निरंतर अभाव ही है। कुछ इराकियों को सद्‌दाम हुसैन के पतन का दु:ख तो है, लेकिन इराक के कुछ लोग इस बात को याद करते हैं कि सन् 1991 में इराक की आधारिक संरचना पर तबाह कर देनेवाले अमरीका के हवाई हमलों के बाद बिजली संयंत्रों को इराकी संसाधनों की सहायता से शीघ्र ही ठीक कर दिया गया था।

तेल से प्राप्त राजस्व की आपराधिक प्रवृत्ति के राजनीतिज्ञों, दलों एवं अधिकारियों द्वारा चोरी के अलावा भी इराक में भ्रष्टाचार के और भी कई पहलू हैं। सन् 2006 से सत्तासीन प्रधानमंत्री नूर अल-मलिकी के आलोचकों का कहना है कि राजनीतिक नियंत्रण का उसका तरीका यह रहा है कि ठेके सिर्फ उन्हीं लोगों को दिए जाते हैं, जो उनके समर्थक हैं तथा जिनके साथ उनकी मित्रता अस्थिर है या उन विरोधियों को, जिनके साथ वे अपने संबंध सुधारना चाहते हैं। लेकिन कहानी यहीं पर खत्म नहीं होती है। उस दानशीलता का लाभ उठानेवालों को यह धमकी तक दी जाती है कि यदि वे इस कार्य-प्रणाली से बाहर जाने की कोशिश करते हैं तो उनके विरुद्ध जाँच-पड़ताल की जाएगी और सार्वजनिक रूप से उनके बारे में सबको बता दिया जाएगा। एक इराकी पर्यवेक्षक ने तो यह भी बताया कि यहाँ तक कि वे भी, जिन्हें ठेका नहीं दिया जाता था, जानते थे कि उन पर भ्रष्टाचार-विरोधी

निकाय का निशाना बनने का खतरा है। मलिकी फाइलों का प्रयोग जे. इडगर हूवर की तरह अपने शत्रुओं के विरुद्ध करते हैं। एक पर्यवेक्षक के अनुसार, "सरकार इस प्रणाली में सुधार नहीं कर सकती, क्योंकि इसके द्वारा उस प्रणाली पर ही प्रहार होगा, जिसके माध्यम से यह शासन करती है।"

भ्रष्टाचार से लड़ने के लिए राज्य की संस्थाओं को व्यवस्थित तरीके से अक्षम या हाशिए पर कर दिया गया है या उन्हें भयभीत कर दिया गया है। इराक में भ्रष्टाचार का रूप इतना बुरा क्यों है? इराक के लोगों द्वारा दिया जानेवाला इसका सीधा सा उत्तर यह है कि 90 के दशक में संयुक्त राष्ट्र द्वारा लगाए गए प्रतिबंधों के कारण इराकी समाज बरबाद हो गया और सन् 2003 के बाद अमरीका ने इराक को बरबाद कर दिया। मलिकी की शिया प्रभुत्ववाली सरकार के अधीन, पार्टी, परिवार या समुदाय आधारित संरक्षण, जिसके द्वारा यह निश्चित किया जाता था कि नौकरी किसे मिलेगी, इससे सद्दाम हुसैन के पतन के बाद शुरू हुए इराक की सुन्नी जनसंख्या को राजनीतिक व आर्थिक रूप से हाशिए पर कर दिए जाने की प्रक्रिया को और अधिक बढ़ावा मिला।

यह स्पष्ट है कि ISIS ने इराक में सुन्नियों में बढ़ते अलगाव और उत्पीड़न की भावना का अपने पक्ष में लाभ उठाया। शक्तियों को कम करके विनाशकारी गतिविधियों और केंद्रीय सरकार के बढ़ते प्रहार से यह लोकप्रिय आंदोलन धीरे-धीरे सशस्त्र संघर्ष में परिवर्तित होता जा रहा है। इंटरनेशनल क्राइसिस ग्रुप (अंतरराष्ट्रीय संकट समूह) ने बताया, "कई अरबी सुन्नी तो इस निष्कर्ष पर पहुँच गए कि उनके लिए एकमात्र व्यावहारिक विकल्प है, लगातार बढ़ते हुए स्वीकारोक्त शब्दों में व्यक्त उग्र संघर्ष।" दूसरे शब्दों में उन्हें अपने जीवित रहने और इराक के सत्ता संघर्ष में विजयी होने के लिए सुन्नी के रूप में शिया

नेतृत्व के विरुद्ध लड़ाई करना है।

हो सकता है कि शिया प्रभुत्ववाली सरकार ने सन् 2011 से पहले ही टकराव का रास्ता छोड़ दिया हो। लेकिन अब सीरिया में 'अरब स्प्रिंग' ने विद्रोह का रूप ले लिया, क्योंकि बहुसंख्यक सुन्नियों को सऊदी अरब तथा खाड़ी और तुर्की के राजतंत्रों का समर्थन प्राप्त था, इससे क्षेत्र में सांप्रदायिक संतुलन बदलने लगा।

पहले इराक के सुन्नियों में आक्रोश था, लेकिन उन्होंने सन् 2003 में इराक में स्थापित शिया-कुर्दिश प्रभुत्व के सामने आत्मसमर्पण कर दिया। उन्हें शिया लड़ाकुओं और शिया नियंत्रित सुरक्षाबलों द्वारा फिर से घातक आक्रमण किए जाने का डर था, जिसने सन् 2006 और 2007 के सांप्रदायिक संघर्ष में अधिकांश सुन्नियों को वहाँ से भाग जाने पर विवश किया।

सितंबर 2007 में अमरीकी दूतावास के एक केबल में कहा गया कि बगदाद के आधे से ज्यादा पड़ोस में अब स्पष्ट रूप से या तो शिया की आबादी थी या तो दूर-दराज के क्षेत्रों में भाग गए थे या शियाओं की बहुलतावाले क्षेत्रों से घिरे छोटे गाँवों में सिमट गए थे। काफी हद तक स्थिति आज भी यही है।

सांप्रदायिक रेखा के साथ शक्ति का यह परिवर्तन जून 2014 की घटना के बाद बहुत ज्यादा स्पष्ट हो गया कि इससे इराक का शिया समुदाय भी भयभीत था। जो कुछ भी इराक में घटित हो रहा था, उसे वहाँ के शिया इस तरह नहीं देखते कि यह वहाँ की सरकार के द्वारा सुन्नियों की प्रताड़ना के विरुद्ध उभरी न्यायोचित प्रतिक्रिया है, बल्कि वे इसे वहाँ सुन्नी प्रभुत्ववाली पुरानी सरकार की तरह सरकार की पुनः स्थापना के एक प्रयास के रूप में देखते हैं। राजधानी में एक पर्यवेक्षक के अनुसार शिया और सुन्नी दोनों समुदायों में तनाव इतना बढ़ गया था

कि पूर्ण हिंसक सांप्रदायिक टकराव अवश्यंभावी हो गया था।

सन् 2014 की गरमियों में आयतुल्ला अली सिस्तानी की अपील पर भावावेश में शियाओं का लड़ाकू बन जाना औपचारिक सहमति थी। ''सड़कें उबल रही हैं।'' एक पर्यवेक्षक ने बताया। कुल 1,000 स्वयंसेवी करबला से समारा शहर की अल-अस्करी मसजिद के लिए निकल पड़े। यह सुन्नी बहुलता वाले शहर शिया का सबसे पाक तीर्थ स्थान है।

दो समुदायों के बीच का यह ध्रुवीकरण अमरीका और रूस के बीच गरम व शीतयुद्ध के कारण और गहरा हो गया। सऊदी अरब और खाड़ी के राजतंत्रों के साथ मिलकर इनके प्रतिनिधि यहाँ सक्रिय थे, जिन्हें अमरीका का समर्थन प्राप्त था। वहाँ उनके विरुद्ध रूस का समर्थन प्राप्त ईरान, सीरिया और लेबनान के हिज्बुल्लाह के प्रतिनिधि थे। ईरानी राष्ट्रपति हसन रूहानी, की सरकार ने शिया नेतृत्ववाली इराक की सरकार को समर्थन दिया था, इसने सुन्नी विद्रोह के विरुद्ध मलिकी का समर्थन करते हुए यह कहते हुए प्रतिज्ञा ली कि आतंकवाद से लड़ने के लिए ईरान अंतरराष्ट्रीय और क्षेत्रीय स्तर पर अपने सभी प्रयासों को झोंक देगा। दोनों के बीच लंबी साझा सीमा होने के कारण इराक ईरान का सबसे प्रमुख सहयोगी देश है, यहाँ तक कि सीरिया से भी ज्यादा। इराक के अचानक सैन्य पतन के बाद ईरान के लोग भयभीत हो गए, जिससे सीरिया में ईरान के लिए समस्याएँ खड़ी हो गईं, जहाँ थोड़ी-बहुत सफलता के बाद राष्ट्रपति असद के शासन को स्थिर करने के लिए संघर्ष किया जा रहा था। सन् 2014 में इराक में ISIS के नियंत्रण पर प्रतिक्रिया करते हुए ईरानियन रिवोल्यूशनरी गार्ड कोर के सलाहकारों का कैडर कथित रूप से सेना और लड़ाकुओं और सेना से मिलकर बने एक नए सैन्य शक्ति को एक साथ ला रहे थे।

इराक को बहुत लंबे समय से यह आशंका थी कि उसकी अधिकांश परेशानियों के पीछे वहाबी आंदोलन की गुप्त भूमिका होती है, जो

सऊदी अरब द्वारा समर्थन प्राप्त इसलाम धर्म का ही एक भिन्न रूप है। मार्च 2014 में प्रधानमंत्री मलिकी ने फ्रांस के 24 टेलीविजन को दिए अपने साक्षात्कार के दौरान अपने देश में हो रही हिंसा में वृद्धि के लिए स्पष्ट और सीधे तौर पर यह कहते हुए सऊदी अरब और कतर पर आरोप लगाया कि ये दोनों देश इराक में सांप्रदायिक, आतंकवादी और सुरक्षा संकट के लिए जिम्मेदार हैं।

उन्होंने आगे यह भी बताया कि उन पर ये आरोप लगाए गए कि वे सुन्नियों को हाशिए पर ला रहे थे, इसका प्रसारण सऊदी अरब और कतर के उकसाने पर किया गया, सांप्रदायिक शक्तियों द्वारा जिनकी विदेशी कार्यक्रमों में मिली-भगत है। उनके द्वारा यह भी आरोप लगाया गया कि आतंकवादियों को रियाद और दोहा से समर्थन मिल रहा है, जिसमें इन आतंकवादी संगठनों के फायदे के लिए हथियारों की खरीदारी भी शामिल है।

मलिकी द्वारा लगाए गए आरोपों में काफी हद तक सच्चाई थी। खाड़ी द्वारा सीरिया में सशस्त्र विरोध के लिए दी जानेवाली सहायता राशि का एक भाग निस्संदेह इराक में जेहादी आतंकवादियों को जाता है। तुर्की सीरिया से लगती अपनी 510 मील लंबी सीमा से हथियारों और जेहादियों को गुजरने की अनुमति देता है, जिनमें से कई संभावित आत्मघाती बमवर्षक होते हैं। निश्चित रूप से इनमें से कुछ बंदूकें, लड़ाकू और बमवर्षक इराक जाते हैं। इसमें आश्चर्य की कोई बात नहीं है, क्योंकि ISIS इन दोनों देशों में इस तरह सक्रिय हैं, मानो दोनों देश एक हों।

'इराक बॉडी काउंट' नामक संस्था के अनुसार, पिछले दो वर्षों में हिंसा में बहुत तेजी से वृद्धि हुई है। इस अवधि में सन् 2013 में लगभग 10,000 नागरिक मारे गए और सन् 2014 के पहले पाँच महीने में ही

5,000 लोग मारे गए। अगस्त 2013 में बोलते हुए एक वरिष्ठ प्रशासनिक अधिकारी ने कहा, ''औसतन एक माह में हमारे पास पाँच से लेकर दस आत्मघाती बमवर्षक होते हैं। हमने पिछले नब्बे दिनों में देखा है कि आत्मघाती बमवर्षकों की संख्या एक माह में लगभग 30 तक पहुँच गई है और हमें अभी भी संदेह है कि उनमें से अधिकांश सीरिया से आ रहे हैं।'' इसे दि इंस्टीट्यूट फॉर द वार की जेसिका डी. लेविस द्वारा उद्धृत किया गया है।

अमरीका और अन्य पश्चिमी शक्तियों द्वारा ऐसी स्थिति को अनदेखा किया गया, जबकि उन्हें इस पर नजर रखनी थी कि सीरिया में सशस्त्र विद्रोह को समर्थन देकर, वे अवश्यंभावी रूप से इराक को अस्थिर कर देंगे और इस तरह सांप्रदायिक गृहयुद्ध का नया दौर शुरू हो जाएगा। इराक में अल कायदा, जैसा कि यह उस समय इसी नाम से जाना जाता था, कठिन स्थितियों में था। अमरीका द्वारा गहन रूप से इसका मॉनीटरन किया जा रहा था और इस पर 'साहवा' या 'अवेकनिंग' नामक अल कायदा विरोधी लड़ाकुओं, द्वारा आक्रमण किया जा रहा था, जो अधिकांशत: सुन्नी थे। उसे अपने अनेक प्रमुख नेताओं को खोना पड़ा था। उनमें से कुछ या तो मारे गए थे या जेल भेज दिए गए थे और जो जीवित बचे थे, वे आम सुन्नियों में अपनी हिंसात्मकता के कारण अलोकप्रिय थे। वे छोटे-छोटे सरकारी कर्मचारियों को भी मार देते थे, जो सुन्नी थे। इससे भी ज्यादा वे शिया-कुर्दिश सरकार को उखाड़ फेंकने में विफल रहे थे। सन् 2012 तक अनेक सुन्नियों को इस बात की उम्मीद थी कि बिना युद्ध किए ही वे सरकार से कम-से-कम कुछ रियायत हासिल कर लेंगे।

इराक में जेहादियों का अद्भुत ढंग से पुनरुत्थान सुनियोजित आंदोलन द्वारा हुआ, जिसका एक प्रमुख घटक जेलों पर व्यवस्थित आक्रमण

करना था। 'दीवार तोड़ो' के रूप में ज्ञात इस आंदोलन में कैदियों को आजाद कराने के लिए आठ अलग-अलग आक्रमण करने होते थे, जिसकी चरम परिणति अबू गरीब और ताजी की जेलों पर किए गए आक्रमण थे, जिनमें 500 कैदी निकल भागे, जिनमें से अधिकांश अनुभवी लड़ाकू थे।

हमलावरों ने जेल पर सौ मोर्टार बम दागे और जब जेल कर्मियों में भगदड़ मच गई और जेल प्रहरियों को भ्रमित करने के लिए वे गोली चलाने लगे तो आत्मघाती बमवर्षकों का प्रयोग किया गया।

सन् 2013 में पूरे साल ISIS का पूरे इराक में सुरक्षाबलों पर आक्रमण बढ़ता ही गया। सरकारी बलों द्वारा किरकुक के दक्षिण-पश्चिम में हवीजाह के शांति कैंप पर किए गए हमले में 50 लोग मारे गए और 110 घायल हो गए, जिस कारण शक्तिशाली जनजातियों सहित अनेक सुन्नी इससे अलग हो गए। कुनियोजित सरकार के प्रतिरोधी आक्रमण, जिसका लक्ष्य प्राय: सैन्य आयु वर्ग के सभी सुन्नियों के साथ गलत व्यवहार करना और उन्हें जेल में डाल देना होता था, वे निष्प्रभावी साबित हुए।

सरकारी बलों द्वारा अनबर में फालुजा और रमादी पर की गई अनियमित बमबारी में इस प्रांत की कुल 16 लाख जनसंख्या में से 5 लाख लोगों को वहाँ से किसी सुरक्षित स्थान में भाग जाने को मजबूर किया गया, जहाँ उन्हें कठिन परिस्थितियों में पूरे परिवार के साथ प्राय: एक कमरे में रहना पड़ता था।

फरात नदी के ऊपरी भाग में खाने-पीने की चीजों की कमी हो गई और वे महँगी हो गईं। कई स्कूल बंद कर दिए गए। अनबर के सबसे प्रमुख धार्मिक नेता अब्दुल मलिक अल-सादी, जिन्होंने पहले नरम रवैया अपनाने की सलाह दी थी, ने भी उस बात पर जोर दिया कि

अप्रैल 2014 के चुनाव गैर-कानूनी हैं।

आनेवाले महीनों में जून 2014 तक होनेवाले आक्रमणों को देखकर इस बात को लेकर अनिश्चितता थी कि सुन्नी क्षेत्रों पर ISIS का किस हद तक नियंत्रण है। कभी तो यह अपनी शक्ति का प्रचार करता है और कभी नहीं। मोसुल पर इसका नियंत्रण और जिस सहजता के साथ यह सबकुछ हुआ, वह स्पष्ट रूप से जेहादियों के लिए एक सांकेतिक विजय थी, जिसने इसकी प्रभावशीलता और इराक के विशाल सुरक्षाबलों की कमजोरी को स्पष्ट कर दिया।

फिर भी शहर में जो कुछ हुआ उसके बारे में निश्चित विवरण अभी भी उपलब्ध नहीं हैं; क्योंकि घटनास्थल से घटना की जानकारी देनेवाली विश्वसनीय व्यवस्था की कमी थी। एक ऐसी घटना, जिसके बारे में किसी को कोई आश्चर्य नहीं है, क्योंकि स्थानीय मीडिया के विरुद्ध जिस तरह के आक्रमण का आंदोलन उस समय वहाँ चला था, वह यह था कि उस दौरान अक्तूबर 2013 के बाद छह महीने में वहाँ पाँच पत्रकारों की हत्या कर दी गई और चालीस अन्य पत्रकारों को तुर्की व कुर्दिस्तान भागना पड़ा। मुख्तार—समुदाय के नेता, जो प्रायः सरकार के प्रतिनिधियों में महत्त्वपूर्ण होते हैं, उन पर भी आक्रमण किए गए और उन्हें भी शहर से भाग जाने या ISIS के साथ सहयोग करने के लिए विवश होना पड़ा। यजिदियों और इसाइयों जैसे अल्पसंख्यकों पर भी आक्रमण किए गए।

ISIS के लिए मोसुल का विशेष महत्त्व है, क्योंकि सद्दाम हुसैन के अधीन इराकी सेना में शामिल होनेवाले परिवारों का यह घर था। सद्दाम हुसैन ने इसी शहर से पारंपरिक रूप से अपना रक्षा मंत्री चुना। ISIS के लड़ाकुओं के रूप में चाहे वे जितने भी बर्बर रहे हों, फिर भी अनेक लोग उन्हें मलिकी के शिया बहुल सरकारी बलों पर वरीयता देते

हैं। ISIS इस बात के प्रति सचेत था कि स्थानीय लोग उससे विमुख न हों।

ISIS प्रवक्ता अबू मोहम्मद अल-अदनानी ने लड़ाकुओं को सुन्नियों के साथ नरमी से व्यवहार करने के लिए चेतावनी दी, यहाँ तक कि उनके साथ भी, जिन्होंने पहले सरकार की ओर से लड़ाई भी की हो। "उनका पश्चात्ताप और तर्क स्वीकार कीजिए, जो सच्चे हैं और जो आपको परेशान नहीं करते हैं, उन्हें परेशान मत कीजिए और अपने सुन्नी साथियों को माफ कर दीजिए और अपने जनजातीय साथियों के साथ नरमी का व्यवहार कीजिए।" उन्होंने कहा। अभी यह देखना बाकी है कि उनके इस रूप से उन्हें कितनी मदद मिलती है? मोसुल एक पारंपरिक रूढ़िवादी शहर है, लेकिन बहुत गहरे रूप से धार्मिक नहीं है। और यह कल्पना करना कठिन है कि ISIS बिना किसी संघर्ष के इस पर शासन कर पाता है कि नहीं।

सुन्नी बहुल इराक में ISIS के नियंत्रण में अचानक तेजी आई है और अभी तक सरकार की ओर से इसे मिले प्रभावशाली प्रतिरोध के शायद ही कोई संकेत मिले हैं। शिया नागरिकों का कत्लेआम जारी है। हाल ही में मार्च 2014 में बगदाद के दक्षिण-पश्चिम में स्थित प्रमुख रूप से शिया बहुल कस्बे हिला के प्रवेश द्वार पर स्थित सुरक्षा सीमा चौकी पर विस्फोटकों से लदी एक छोटी गाड़ी को आत्मघाती बमवर्षक ने उड़ा दिया, जिसमें 45 लोग मारे गए और 157 लोग घायल हो गए। सरकारी बल उन गुप्त ठिकानों का पता लगाने और उसे नष्ट करने में असफल रहे हैं, जहाँ कई तरह की विनाशकारी गाड़ियाँ अस्त्र-शस्त्रों एवं विस्फोटकों से लैस की जाती हैं।

ISIS के उदय के लिए हो सकता है कि अन्य कम स्पष्ट कारण भी रहे हों। एक वरिष्ठ इराकी स्रोत के अनुसार, ISIS के उदय में महत्त्वपूर्ण रूप से तुर्की के खुफिया तंत्र द्वारा सन् 2012 में सहायता की

गई, जिसने अनुभवी इराकी अधिकारियों को इस आंदोलन के लिए काम करने के लिए प्रोत्साहित किया, जिन्होंने अमरीकी कब्जे के विरोध में गुरिल्ला लड़ाई में भाग लिया था। इसे मध्य-पूर्व के एक अन्य षड्यंत्र सिद्धांत के रूप से खारिज किया जा सकता है, लेकिन जेहादियों की तरह के आंदोलन की एक विशेषता इसकी सहजता है, जिसका विदेशी खुफिया सेवाओं द्वारा चालाकी से प्रयोग किया जा सकता है।

सन् 2013 के आरंभ में इराक के बारे में बात करते हुए वरिष्ठ सांसद महमूद ओथमान ने कहा कि लगभग आधे देश पर वास्तव में सरकार का कोई नियंत्रण है ही नहीं। यह पूछे जाने पर कि दस लाख की संख्यावाला इराक का मजबूत सुरक्षाबल जेहादियों के सामने इतना अप्रभावी क्यों रहा? एक अन्य राजनीतिज्ञ के अनुसार, "यह पूर्ण भ्रष्टाचार का नतीजा है। सेना में भरती होने के लिए लोग रिश्वत देते हैं, ताकि उन्हें तनख्वाह मिल सके। इसलिए वे तो निवेशक हैं, सैनिक नहीं।" ये कठोर शब्द हैं, लेकिन इसकी सच्चाई का प्रमाण तो इस तथ्य से मिलता है कि आज देश के बहुत बड़े भाग पर ISIS का नियंत्रण है और इराकी सेना इस दिशा में कुछ भी करने में शक्तिहीन दिखाई देती है।

□

6

जेहादियों द्वारा सीरिया के विद्रोह पर नियंत्रण

अगस्त 2013 में दमिश्क में विद्रोहियों के नियंत्रणाधीन जिलों में जहरीली गैस सरीन के हमले के ठीक बाद मानवाधिकारों के वकील और वायोलेशंस डॉक्यूमेंटेशन सेंटर के संस्थापक रजान जैतूनेह के साथ में एक अमेरिकन टेलीविजन कार्यक्रम में उपस्थित हुआ, जैतूनेह इस कार्यक्रम में स्काइप के माध्यम से पूर्वी दमिश्क में विरोधियों के गढ़ डूमा से इस कार्यक्रम में भाग ले रही थीं।

उन्होंने घटना के अकाट्य, आवेशपूर्ण और पूरी तरह से विश्वसनीय विवरण दिए, ''मैंने अपने पूरे जीवनकाल में इतनी मौतें नहीं देखी हैं।'' उन्होंने यह विवरण देते हुए कहा कि किस तरह लोग घरों के दरवाजों को तोड़कर अंदर घुस जाते हैं और यह देखते हैं कि कोई जीवित तो नहीं बचा है? कुछ चिकित्सा केंद्रों में जो थोड़ी-बहुत दवाइयाँ डॉक्टरों के पास थीं, उनकी सहायता से वे गैस-पीड़ितों की जान बचाने की नाकाम कोशिशों पर रोते थे। एक समय में पंद्रह से बीस शवों को सामूहिक कब्रों में दफनाया जा रहा था। उन्होंने घृणा के साथ इस विचार को भी खारिज

कर दिया कि सरीन गैस के प्रयोग के पीछे विद्रोहियों का हाथ हो सकता है तथा पलट कर यह सवाल किया, "आप क्या समझते हैं कि हम इतने पागल हैं कि हम अपने ही बच्चों को मार डालेंगे?"

जैतूनेह वर्षों से राजनीतिक कैदियों को बचाती रही हैं और एक प्रकार से वे भरोसेमंद वकील थीं, जिन्होंने सीरिया के विपक्षियों के लिए इतना अंतरराष्ट्रीय समर्थन प्राप्त किया। लेकिन 8 दिसंबर, 2013 को बंदूकधारी उनके डूमा स्थित कार्यालय में घुस गए और उन्हें, उनके पति, वाएल हमादा के साथ दो नागरिक अधिकारों के कार्यकर्ता—वकील समीरा अल-खलील और कवि नाजेम अल-हमादी का अपहरण कर लिया। तब से इन चारों के बारे में किसी तरह की कोई सूचना नहीं मिली है। यद्यपि इसने इस अपहरण की घटना में शामिल होने से इनकार किया है; जिस समूह के इस अपहरण में शामिल होने की शंका है, वह है दि आर्मी ऑफ इसलाम, जिसका गठन जे.ए.एन. के साथ संतुलन के लिए सऊदी अरब द्वारा जेहादी समूह के रूप में किया गया था और दमिश्क के विद्रोहियों के नियंत्रणाधीन जिलों में इसकी स्थिति मजबूत थी। अल-खलील के पति यासीन अल-हज सालेह ने ऑनलाइन प्रकाशन अल-मॉनिटर को बताया कि रज़ान और समीरा एक राष्ट्रीय समावेशी धर्मनिरपेक्ष आंदोलन से जुड़े हुए थे, इस कारण उनकी ऐसे इसलामी धड़ों के साथ मुठभेड़ हो गई, जो निरंकुशता की ओर उन्मुक्त हैं।

सुन्नी जैतूनेह और अन्य लोगों के अपहरण और उनके लापता होने की घटना की तरह सीरिया में कहीं भी ऐसी अनेक घटनाएँ होती रहती हैं, जिनमें इसलामी आतंकवादियों ने नागरिक अधिकारों के कार्यकर्ताओं की हत्या कर दी या उन्हें वहाँ से भाग जाने को मजबूर किया। प्राय: ऐसी घटनाएँ तब हुई हैं, जब कार्यकर्ताओं ने हत्या, प्रताड़ना, कैद या अन्य किसी अपराध के लिए उनकी निंदा की हो। क्रांतियाँ उनके अत्यंत मानवतावादी

समर्थकों को खत्म करने के लिए कुख्यात रही हैं; लेकिन कुछ ही मामलों में क्रांति सीरिया की सी गति और उग्रता के साथ आगे बढ़ी।

क्यों सीरिया का विद्रोह, उन लक्ष्यों को प्राप्त करने में पूरी तरह से नाकाम रहा? जिसके आरंभिक समर्थकों की ये माँगें थीं कि तानाशाह के स्थान पर एक धर्मनिरपेक्ष, गैर-सांप्रदायिक, कानून द्वारा शासित और प्रजातांत्रिक राज्य का निर्माण किया जाए? सीरिया एक भयावह सांप्रदायिक गृहयुद्ध में फँस गया है, जिसमें सरकार अपने ही शहरों पर ऐसे बमबारी करती है मानो वे शत्रु के भूक्षेत्र हों। सशस्त्र विरोध में सलाफी-जेहादी लड़ाकुओं की प्रधानता है, जो अलावाइट और ईसाइयों की हत्या सिर्फ उनके धर्म के कारण करते हैं। सीरिया के लोगों के सम्मुख दो विकल्प हैं:- उग्र तानाशाही, जिसमें सत्ता पर राष्ट्रपति और बर्बर सुरक्षा सेवाओं का अधिकार हो या एक ऐसा विपक्षी, जो मामूली सी ईश-निंदा पर बच्चों की हत्या करते हैं और सिर कटे सैनिकों के चित्रों को उनके माता-पिता को भेज देते हैं, इन देशवासियों को इन दोनों के बीच चुनाव करना है।

आज सीरिया की स्थिति सन् 1975 से 1990 के बीच पंद्रह साल लंबे गृहयुद्ध में फँसे लेबनान जैसी है। अभी हाल ही में मैं हम्स शहर में था, जो कभी अपनी जीवंत विविधताओं के लिए जाना जाता था, लेकिन आज यह 'भुतहा शहर' बन गया है। उजड़ चुका है। जहाँ की सारी इमारतें खाली हैं या बम और गोलीबारी में नष्ट हो चुकी हैं। इमारतों की जो दीवारें खड़ी हैं, उनमें मशीनगनों की गोलियों से बने छोटे-छोटे इतने छिद्र हैं, मानो कंकरीट की इन दीवारों को घुन ने खा लिया है।

यह सीमा चौकियों, घेराबंदियों और नाकेबंदियों की भूमि है। जरूरत पड़ने पर सरकार इसे चारों ओर से बंद कर देती है और विद्रोहियों द्वारा नियंत्रित क्षेत्रों पर बमबारी करती है। यह रणनीति का काम कर रही है;

लेकिन अत्यंत धीमी गति से और इसके बाद जो सीरिया बचता है, वह मलबों का ढेर है।

अलेपो, जो कभी देश का सबसे बड़ा शहर था, आज अधिकांशतः निर्जन हो चुका है। सरकारी बल आगे बढ़ रहे हैं, लेकिन वे आवश्यकता से अधिक खिंचे हुए हैं और वे उत्तरी व पूर्वी सीरिया पर तब तक पुनः विजय प्राप्त नहीं कर सकते हैं, जब तक कि तुर्की अपनी लंबी सीमा को बंद नहीं कर देता है। सरकार की सफलता से अन्य अधिक उदार बलों की तुलना में जेहादियों की स्थिति मजबूत अधिक होती है, क्योंकि उनके पास लड़ाकुओं का एक मजबूत समूह है, जो कभी भी समर्पण नहीं करेगा। इसलिए सीरियाई फौजें जब गोलाबारी की आड़ में अलेपो में आगे नहीं बढ़ती हैं तो इसकी फौजें अधिकांशतः अल कायदा के आधिकारिक सहयोगी जे.ए.एन. और तुर्की व कतर द्वारा समर्थित सलाफिस्ट अहरार अल-शाम से लड़ रही होती हैं। दमिश्क और होम्स के कुछ भागों में मिली सफलता को वे यहाँ भी दोहराना चाहते हैं, जब इसने विद्रोहियों के गाँवों को नाकेबंदी करके घेर लिया था और तब तक घेरे रखा, जब तक कि उन लोगों ने समझौता नहीं कर लिया, जो लगभग समर्पण के समान ही था। इसके विपरीत, अलेपो नगर के पूर्व में विद्रोहियों के गाँव अधिक मजबूत हैं और वे विद्रोहियों के हृदय-स्थल हैं और एक ऐसी स्थिति की शुरुआत होगी, जो इसके विदेशी संरक्षक नहीं चाहेंगे कि कभी भी हो।

सीरियाई क्रांति की इस विखंडित अवस्था की शुरुआत सन् 2011 से पहले देश की गहरी राजनीतिक, धार्मिक और आर्थिक बँटवारे से होती है। उस दौरान लगातार इन चीजों के दोहन तथा विदेशी हस्तक्षेप से स्थिति और भी बिगड़ गई। पहला विरोध उन लोगों ने 'अरब स्प्रिंग' के ट्यूनीशिया, मिस्र, लीबिया, यमन और बहरीन में हुए उपद्रव के

कारण किया। राज्य के सुरक्षाबलों द्वारा शांतिपूर्ण प्रदर्शनकारियों पर गोलीबारी के रूप में की गई अति तीव्र प्रतिक्रिया के कारण वे तेजी से फैल गए। इससे पूरे समुदाय में क्षोभ फैल गया और सशस्त्र प्रतिरोध को बढ़ावा मिला। सरकार लगातार इस बात पर जोर देती रही कि विरोध उतने शांतिपूर्ण नहीं थे, जितने वे दिखाई देते थे और यह भी कि उस आरंभिक अवस्था से ही उनके बलों पर सशस्त्र आक्रमण किए जाते रहे हैं। इसमें कुछ सच्चाई है; लेकिन यदि विपक्षी का उद्देश्य सरकार को प्रतिकूल दंडात्मक प्रतिक्रिया में फँसाना था, तो उसने इसमें जितना सोचा था, उससे ज्यादा सफलता मिली है।

बाहरी पर्यवेक्षकों को सीरिया समाज जैसा दिखाई देता है, उसके विपरीत इस समाज में कम सामंजस्य रहा है। और इसमें विभाजन भी सिर्फ धार्मिक आधार पर ही नहीं है। जुलाई 2011 में ब्रुसेल्स आधारित इंटरनेशनल क्राइसिस ग्रुप (आई.सी.जी.) ने एक रिपोर्ट में लिखा कि सीरिया के अधिकारी इस बात का दावा करते हैं कि वे विदेशी-प्रायोजित इसलाम समर्थकों के षड्यंत्र से लड़ रहे हैं, जबकि अधिकांशत: उनकी लड़ाई अपनी मौलिक सामाजिक संरचना के विरुद्ध रही है। जब यह पहली बार सत्ता में आई तो असद शासन द्वारा उपेक्षित देहाती क्षेत्र, किसानों और प्रताड़ित निम्न वर्ग को शामिल किया था, लेकिन आज का शासन वर्ग अपनी जड़ों को भूल गया है।"

सन् 2011 से पहले चार वर्ष सूखे के समय संयुक्त राष्ट्र संघ ने देखा कि सूखे की वजह से लगभग 30 लाख किसान 'अति गरीबी' की स्थिति में धकेल दिए जाने के कारण देहाती क्षेत्र छोड़ने के लिए विवश हो गए तथा शहरों के बाहरी क्षेत्रों के झोंपड़ी वाले शहरों में गैर-कानूनी रूप से रहना पड़ा। मध्यम वर्ग की आय बढ़ती मुद्रा स्फीति का सामना करने में कम थी। प्राय: तुर्की से किए जानेवाले सस्ते आयात के कारण

छोटे-छोटे उद्योगपतियों को अपना कारोबार बंद करने के लिए विवश होना पड़ा। इससे शहर का कामकाजी वर्ग भी कंगाल हो गया। राज्य के भ्रष्ट एवं लुटेरे सुरक्षा सेवाओं के माध्यम से सीरिया के पूरे क्षेत्रों से संपर्क साधे थे। आई.सी.जी. ने यह निष्कर्ष निकाला कि विद्रोह के भीतर इसलाम समर्थकों की एक अंतर्धारा बह रही थी। लेकिन यह उस शांतिपूर्ण विरोध के लिए मुख्य प्रेरणा नहीं था, जो आगे चलकर सैन्य संघर्ष में बदलता जा रहा था।

सन् 2011 की गरमी की स्थिति के इस आकलन की तुलना उस स्थिति से कीजिए, जो तीन साल बाद हुई। सन् 2014 तक युद्ध में गतिरोध आ गया था और सशस्त्र विरोध पर ISIS का प्रभुत्व था। सिद्धांत रूप में ISIS और विपक्ष के अन्य जेहादी समूहों, जैसे—अहरार अल-शाम या आर्मी ऑफ इसलाम के बीच ज्यादा अंतर नहीं था, जिनकी माँग इसलामी कानून के अधीन धार्मिक सुन्नी राज्य की स्थापना ही थी, पश्चिम में सांप्रदायिकता एवं मतांधता की निंदा की जा रही थी, लेकिन स्थानीय लोग प्राय: इन जेहादियों का स्वागत करते थे, क्योंकि उनके विचार में पश्चिम द्वारा समर्थन प्राप्त सीरियन आर्मी को लूटमार के बाद अब राज्य में शांति एवं कानून व्यवस्था बहाल हो जाएगी। फ्री सीरियन आर्मी एक बड़ा विशाल समूह है, जिसके प्रति किसी समय में 1,200 विद्रोही संघ सांकेतिक अनुपालन के लिए कटिबद्ध थे। 90 के दशक में अफगानिस्तान में भी तालिबान के कठोर शासन का आरंभ में इसी कारण से स्वागत किया गया था।

सन् 2013 के अंत में सशस्त्र विरोध पर विदेशी संरक्षकों का किस हद तक नियंत्रण था, इस बात का भली-भाँति रेखांकन अहफाद अल-रसूल ब्रिगेड के ब्रिगेड नेता और पूर्वी सीरिया में एफ.एस.ए. के पूर्व कमांडर सद्दाम अल-जमाल की स्वीकारोक्ति से हो जाता है। जमाल

द्वारा एफ.एस.ए., छोड़ने के बाद ISIS द्वारा संचालित और ब्राउन मोसेज ब्लॉग द्वारा अनुवादित दिलचस्प साक्षात्कार लिया गया था। अपने पूर्व एफ.एस.ए. सहयोगियों की गैर-इसलामिक गतिविधियों की निंदा की अनदेखी कर दे तो यह साक्षात्कार विश्वसनीय प्रतीत होता है। वे इस तरह से बोलते हैं मानो उनके अपने ही समूह अल-अहफाद को खाड़ी के राजतंत्रों में से किसी-न-किसी द्वारा धन उपलब्ध कराया जाना स्वाभाविक था, "सीरिया की क्रांति के आरंभ में फाइल को कतर द्वारा सँभाला जाता था। इसके बाद यह कार्य सऊदी अरब द्वारा किया जाने लगा।" जमाल ने आगे बताया कि एफ.एस.ए. की सैन्य परिषद् की बैठक में सदैव सऊदी अरब, यू.ए.ई., जॉर्डन और कतर खुफिया सेवाओं के प्रतिनिधि भी भाग लेते थे। ऐसी ही एक बैठक में जो प्रकट रूप से अंकारा में हुई थी, जमाल बताते हैं कि सऊदी खुफिया सेवा के प्रमुख बांडर बिन सुलतान के सौतले भाई सऊदी अरब के उप-रक्षा मंत्री प्रिंस सलमान बिन सुलतान ने उन सभी को संबोधित किया और सशस्त्र विपक्ष के सीरियाई नेताओं से पूछा कि अपने हथियार, गोला-बारूद और धन की जरूरतों के लिए असद के स्थलों पर आक्रमण करने की किसकी योजना है? और इससे ऐसा लगता है कि यह एक ऐसा आंदोलन है, जिस पर पूर्ण रूप से अरब और पश्चिम की खुफिया सेवाओं का नियंत्रण है। हो सकता है कि यह सऊदी अरब द्वारा इस बात को समझने की पैमाइश हो कि असद को सत्ताच्युत करने की योजना कितने नाटकीय ढंग से असफल रही कि अंततः बांडर और सलमान दोनों को अपनी नौकरी से हाथ धोना पड़ा।

जेहादी समूहों के बीच गृहयुद्ध का आरंभ जनवरी 2014 में ISIS की पोजीशन पर समन्वित आक्रमण से हुआ था, इससे उन सभी के आधार को नुक़सान पहुँचा है। वे विदेशी लड़ाकू, जो सीरिया और

शियाओं से लड़ने के लिए आए थे, उन्हें अब उन सुन्नी जेहादियों की हत्या करने के लिए कहा जा रहा था, जिनके सिद्धांत भी बिलकुल वही थे, जो उनके खुद के थे।

ISIS ने सीरिया में अल कायदा के आधिकारिक प्रतिनिधि अब्दुल्लाह मुहम्मद अल-मुहेसानी, (अहरार अल-शाम का नेता भी) की हत्या करने के लिए आत्मघाती बमवर्षक भेजा। यह इस बात का प्रमाण है कि किस तरह अल कायदा का केंद्रीय समूह जेहादी संगठनों के विभिन्न स्तरों से जुड़ा हुआ है, जिनसे कि इसके औपचारिक संबंध भी नहीं हैं। सऊदी अरब, अमरीका और जॉर्डन का असद-विरोधी और अल कायदा विद्रोहियों का एक 'दक्षिणी मोरचा' बनाने का प्रयास आंशिक रूप से अब तक तो विफल ही रहा, क्योंकि जॉर्डन को यह आशंका है कि वे लड़ाकुओं के रूप में दृश्यमान हो जाएँगे।

वापस आनेवाले जेहादियों ने यह महसूस किया कि घर वापसी का रास्ता हमेशा आसान नहीं होता है; चूँकि उनकी अपनी सरकारों, उदाहरण सऊदी अरब और ट्यूनीशिया ने खतरनाक उन्मादियों के देश से प्रस्थान का स्वागत किया हो, अब युद्ध के प्रशिक्षित सलाफियों के वापस आने से भयभीत है। सीरिया के उत्तरी शहर रक्का में एक कार्यकर्ता, ट्युनीशिया के वालंटियरों को देश से निकालने की गति को तेज करना चाहता था, उसने उन्हें एक वीडियो दिखाया, जिसमें बिकनी पहने एक महिला को समुद्र के किनारे दिखाया गया था। उसने यह सलाह दी कि इस तरह के व्यभिचार को रोकने के लिए उनकी विशुद्धतावादी उपस्थिति का लौटना बहुत जरूरी है।

सीरिया के सर्वनाशी हिंसा में कूद पड़ने का यह एक पैमाना है कि वहाँ अल कायदा के आधिकारिक प्रतिनिधि जे.ए.एन. को अब ISIS की तुलना में अधिक नरमपंथी माना जाता था। ISIS वहाँ से सन् 2014

के आरंभ में हट गया; लेकिन हो सकता है कि यह एक रणनीतिक कदम हो, ताकि वह उत्तरी इराक में आक्रमण के लिए खुद को तैयार कर सके। उसके पास पूर्वी सीरिया और पश्चिमी इराक के विशाल भूक्षेत्र हैं, जहाँ वे खुद को पुनः संगठित करके प्रतिरोधी आक्रमण की योजना बना सकते हैं। किसी भी स्थिति में जे.ए.एन. ने हमेशा ही ISIS के साथ मध्यस्थता की इच्छा जाहिर की है और आमतौर पर वह लड़ना नहीं चाहता है। जेहादियों के गृहयुद्ध ने सैन्य रूप से सरकार के लिए इस स्थिति को आसान बना दिया है, क्योंकि उसके शत्रु एक-दूसरे को मारने में लगे हुए हैं, लेकिन उसके पास उन्हें पूरी तरह निकाल देने के लिए संसाधन भी नहीं हैं। इसे शीघ्र ही इराक में अपनी विजयों से उत्साहित साहसी ISIS का सामना करना होगा, जो यह दिखाने के लिए उत्सुक होगा कि वे सीरिया में भी वैसा ही कुछ कर सकते हैं, जो इराक में किया था।

सन् 2011 से ही विपक्षियों और बाहरी विश्व दोनों द्वारा सीरिया के बारे में कई गलतियाँ की गई हैं; लेकिन उनमें सबसे गंभीर यह विश्वास था कि राष्ट्रपति असद भी लीबिया के मुअम्मर-गद्दाफी की तरह पराजय से ध्वस्त हो जाएँगे। विद्रोही और उनके विदेशी संरक्षक दोनों ही इस बात को भूल गए कि गद्दाफी को प्रमुख रूप से नाटो के हवाई हमले द्वारा ही उखाड़ फेंका जा सका है। नाटो के बिना तो विद्रोहियों का कुछ सप्ताह से ज्यादा वहाँ टिक पाना ही मुश्किल था। लेकिन यह मानना कि असद कमजोर था, इसे संदिग्ध रूप से सन् 2013 से ही लिया जाने लगा। सन् 2012 में विदेशी सरकारें और विदेशी पत्रकार इस बात की अटकलें लगा रहे थे कि वे निर्वासन के लिए कौन सी जगह चुनेंगे, यद्यपि तब भी सीरिया के सभी चौदह प्रांतों की राजधानियों पर उनका नियंत्रण बना हुआ था। अब ISIS के एक प्रांत फरात के किनारे रक्का पर नियंत्रण है, लेकिन

जनसंख्या के प्रमुख केंद्रों पर अभी भी सरकार का कब्जा है। यहाँ गैर-जेहादी विरोधियों के लिए एक बड़ी समस्या थी उनकी पूरी रणनीति, जो अब तक उनके पास एक ही थी, वह थी वहाँ लीबिया जैसी स्थिति पैदा करना। जब उनकी यह योजना सफल नहीं हुई तो उनके पास कोई वैकल्पिक योजना ही नहीं थी।

असद ने सन् 2011 और सन् 2012 में विपक्ष की तरह, हो सकता है कि अपनी शक्ति का आकलन कुछ बढ़ाकर किया हो, आज उनकी नजर में राजनीतिक और सैन्य क्षेत्र पहले की तुलना में कहीं अधिक सकारात्मक प्रतीत होता है। सेना, असद के लड़ाकों और हिज्बुल्लाह जैसे सहयोगियों की दमिश्क, लेबनान की सीमा से लगते कालामून पर्वत एवं होम्स शहर और प्रांत पर पकड़ बढ़ती जा रही है। उन्हें धीरे-धीरे इस प्रकार की जो भी सफलताएँ मिल रही हैं, जो सरकार की प्रभावी लड़ाकू फौजों और उसके हताहतों से बचने की जरूरत का भंडा फोड़ती है। ऐसा प्रतीत होता है मानो चौकी पर तैनात भारी-भरकम टुकड़ी किसी से भी लड़ना नहीं चाहती है। विद्रोहियों द्वारा नियंत्रित क्षेत्रों को वापस लेने की बजाय सरकार बमबारी करती है, ताकि वहाँ की आबादी को भागने के लिए मजबूर किया जा सके और जो वहाँ शेष बचे रह जाएँ या तो वे लड़ाकों के परिवार हों या इतने गरीब लोग, जो कहीं और नहीं रह सकते। फिर बिजली व पानी की आपूर्ति काट दी जाती है और उस क्षेत्र की घेराबंदी कर दी जाती है। सन् 2014 के आरंभ में दमिश्क की उत्तरी सीमा पर अद्र में वैसा ही जे.ए.एन. बलों को सरकारी निकास लाइनों के पीछे से आती हुई एक निकास पाइप के माध्यम से आगे बढ़ते हुए और एक इमारत को उड़ाते हुए प्रत्यक्ष रूप से देखा गया, जहाँ वे अलावाइट और ईसाइयों की हत्या के लिए आगे बढ़े थे। सरकार ने उन पर जवाबी काररवाई नहीं की, बल्कि उसने तो अपनी घेराबंदी बनाए रखी थी।

इन क्षेत्रों में कई स्थानीय युद्ध-विराम हुए, जो कि समर्पण करने से कम नहीं है। बारजेह नामक एक जिले में एफ.एस.ए. लड़ाकू अपने हथियार रखते थे और एक विद्रोही कमांडर के अनुसार उनसे यह अपेक्षा की गई थी कि सभी 350 कैदियों को बारजेह से रिहा कर दिया जाए, परंतु उन्हें जीवित सिपाहियों के स्थान पर तीन शवों की प्राप्ति हुई, जिससे वे काफी निराश थे और वहाँ घटित घटनाओं को जानने हेतु काफी व्यग्र थे।

सीरिया का राजनीतिक परिदृश्य जितना बाहर से दिखाई पड़ता है, उससे कहीं ज्यादा विविधतापूर्ण है। उदाहरण के लिए फरवरी 2014 में दमिश्क-होम्स सड़क पर नब्क़ नामक कस्बे में, जिसे शीघ्र ही पुन: कब्जे में लिया गया था, अपने लड़ाकुओं की नेशनल डिफेंस फोर्स (एन.डी.एफ.) सुरक्षा में सरकारी बलों ने विजय समारोह का आयोजन किया। जो भी हो, स्थानीय लोगों के कथनानुसार वर्तमान में एन.डी.एफ. के सदस्य असद के बलों के विरुद्ध आखिरी गोली तक लड़ने को तत्पर थे।

यही स्थिति होम्स तक दोहराई जाती है और फिर पूर्व में सीरिया की सीमा के साथ ही जहाँ विद्रोहियों का नियंत्रण होने से गाँव या क्रेक डेस शेवलियर्स जैसे मजबूत केंद्र निकलते जा रहे थे। होम्स शहर पर भी कुछ समय से सरकार का नियंत्रण था, अपवाद-स्वरूप उत्तर-पूर्व में अल-वाएर जैसा बड़ा क्षेत्र था, जहाँ हजारों सुन्नियों ने शरण ली हुई थी। होम्स प्रांत की स्थिति और गृहयुद्ध के समय लेबनान की स्थिति में बहुत अधिक समानता है। उदाहरण के लिए, क्रेक डेस शेवलियर्स के आस-पास तुर्कमान सुन्नी समुदायों की बगल में ही ईसाइयों के गाँव हैं और लेबनान से लगती सीमा के निकट अनेक ऐसे घर हैं, जहाँ दरवाजे के बाहर वर्जिन मेरी की प्रतिमाएँ लगी हुई हैं, जो इस बात का संकेत करती हैं कि उन घरों में मैरोनाइट रहते हैं।

उत्तर की ओर आगे बढ़ते ही आगे सरकारी बलों के नियंत्रण में

कमी होने लगती है। निस्संदेह, विद्रोहियों के लिए तुर्की से लगती इसकी सीमा की निकटता का इसे बहुत बड़ा फायदा हुआ, जो आवश्यक रूप से अनेक प्रकार की तस्करियों के लिए खुली है—व्यापारिक और सैनिक दोनों। महत्त्वपूर्ण रूप से अनेक अंत:विद्रोही युद्ध सीमा चौकियों पर नियंत्रण के लिए लड़े गए हैं, ताकि इनका प्रयोग वहाँ के आदिवासियों एवं अस्त्रों की आवाजाही और राजस्व के एक स्रोत के रूप में किया जा सके।

देश का बहुत बड़ा क्षेत्र बरबाद हो गया है। उदाहरण के लिए, दमिश्क का पूरा उत्तरी क्षेत्र, स्टालिन ग्राद की एक तसवीर लगता है, जहाँ इमारतें या तो इस हद तक उड़ा दी गई हैं कि उनकी मरम्मत नहीं हो सकती है या उन्हें पूरी तरह से नष्ट कर दिया गया है। शरणार्थी वापस नहीं आ रहे हैं; वापस आने के लिए कुछ भी नहीं बचा है। सरकार द्वारा भी सामंजस्य के तौर पर बहुत ज्यादा का प्रस्ताव नहीं किया जा रहा है। राजनीतिक रूप से इसका एक ही तर्क है कि हमारी स्थिति दूसरी ओर के लोगों से कम-से-कम बेहतर तो है, जो कि लोगों के सिर कलम कर देते हैं, सिर्फ इसलिए कि उनका संबंध किसी दूसरे धर्म और संप्रदाय से होता है। स्पष्ट रूप से इससे अलावाइट्स, ईसाई, कुर्द और अन्य भयभीत हैं; लेकिन इससे वे सुन्नी भी भयभीत हैं, जो सरकार के लिए काम करते हैं। विपक्षियों की सबसे बड़ी कमजोरी है कि उनके द्वारा किस हद तक इस लड़ाई को निंदनीय सांप्रदायिक युद्ध में बदलने के लिए प्रोत्साहन दिया गया। विपक्षी ईसाई महिलाओं को बुर्का पहनने के लिए विवश किया जाता है और इसे न माननेवालों को सजा के तौर पर मार देने की धमकी दी जाती है। सीरिया के युद्ध में एक महत्त्वपूर्ण तथ्य यह है, जो इसे पूर्व की लड़ाई से भिन्न बनाता है, वह यह है कि दूसरे पक्ष द्वारा दी गई मौत या प्रताड़ना की धमकी और भी भयावह है तथा सीरियाई इस तरह के अत्याचारों के अनेक उदाहरण इंटरनेट पर देख सकते हैं। वे लोग, जो भिन्न प्रकार के चलचित्रों

द्वारा अपने विरोधियों से संबंध रखते हैं, उनकी संभवत: समझौता करने की इच्छा नहीं है।

इन सबको समाप्त करने के लिए क्या किया जा सकता है? विपक्ष को ताकतवर बनाने वाले सिद्धांत के अनुसार असद शांति वार्त्ता पर चर्चा के लिए विवश है, लेकिन उसके इस विचलन से पूरी स्थिति रणभूमि में बदल सकती है। यदि ऐसा होता भी है तो यह वर्षों की लड़ाई के बाद ही होगा। इससे इस बात का अनुमान लगाया जाता है कि रूस, ईरान और हिज्बुल्लाह अपने सीरियाई सहयोगियों को पराजित देखना चाहते हैं। ऐसी स्थिति में जब विद्रोह पर ISIS, जे.ए.एन. और अन्य अल कायदा जैसे समूहों का प्रभुत्व हो, इस बात की संभावना कम ही है और यहाँ तक कि वाशिंगटन, लंदन और रियाद भी अब असद का पतन देखना चाहते हैं। लेकिन असद का विजयी होना पश्चिमी और उनके अरबी व तुर्की सहयोगियों की पराजय के रूप में देखा जाएगा। वे इस दिशा में इतना आगे पहुँच गए थे कि इस बात का दावा करने लगे थे कि अब उनकी नीतियों में बदलाव के लिए असद को हटना ही पड़ेगा उस बात पर जोर देते हुए एक पूर्व सीरियाई मंत्री ने कहा कि शांति की पूर्व शर्त के रूप में असद को सत्ता छोड़नी ही पड़ेगी, जबकि उन्हें यह बात मालूम है कि ऐसा होनेवाला नहीं है। उनके शत्रुओं को यह सुनिश्चित करने की आदत है कि लड़ाई जारी रहेगी। हो सकता है कि असद को शांतिपूर्ण समझौता न चाहिए हो। फिर तो उनके सम्मुख किसी भी तरह का प्रस्ताव नहीं आने वाला है।

युद्ध समाप्त होने की संभावना न हो, लेकिन क्या सीरिया के लोगों पर पड़नेवाले इसके प्रभाव को कम किया जा सकता है? हिंसा के वर्तमान स्तर को देखते हुए आरंभिक अवस्था में ही बातचीत का गला घोंट दिया जाता है, जिसे कभी उत्तरी आयरलैंड में 'अंतिम अत्याचार की राजनीति'

कहा जाता था। किसी भी व्यक्ति के मन में घृणा और भय इतनी गहराई तक भरा हुआ था कि वे किसी भी तरह की रियायत का खतरा नहीं उठाना चाहते हैं। और किसी भी स्थिति में किसी को यह प्रश्न करना चाहिए कि क्या किसी के साथ बातचीत में या तो ISIS या जे.ए.एन. शामिल है? निस्संदेह, अभी हाल ही तक इसका उत्तर दृढतापूर्वक नकारात्मक था। लेकिन मई 2014 में होम्स के पुराने शहर से अंतिम 1,200 लड़ाकू और उनके हथियार खाली कर दिए गए थे, जबकि अलेपो के बाहर दो शिया बहुल कस्बों—नुब्ल और ज़हरा, में घेराबंदी किए हुए विद्रोहियों ने भोजन की आपूर्ति की अनुमति दी गई थी।

कहीं-कहीं असद समर्थक बंदियों को रिहा कर दिया गया था। इस प्रकार के स्थानीय समझौते और थोड़े दिनों का युद्ध-विराम लगातार संभव होता जा रहा है, क्योंकि लोग युद्ध से थक चुके हैं। उनके स्थायी होने की संभावना नहीं है। जो भी हो, बेरुत में एक पर्यवेक्षक ने इसे इस तरह कहा, "लेबनान के गृहयुद्ध के दौरान लगभग 600 युद्ध विराम हुए। वे हमेशा अस्थायी थे और लोग उसका मजाक उड़ाते थे, लेकिन इससे बहुत लोगों की जानें बचीं।"

सीरिया के संकट में पाँच भिन्न लड़ाइयाँ सम्मिलित हैं, जो एक-दूसरे को प्रभावित करती हैं और एक-दूसरे को बढ़ाती हैं। युद्ध का आरंभ बर्बर और भ्रष्ट तानाशाही के विरुद्ध एक सच्चे लोकप्रिय विद्रोह के रूप में हुआ था। लेकिन शीघ्र ही यह सुन्नियों के अलावाइट के विरुद्ध संघर्ष के साथ उलझ गया और फिर पूर्ण रूप से यह शिया-सुन्नी लड़ाई के रूप में परिवर्तित हो गया, जिसमें एक ओर सऊदी अरब, अमरीका एवं अन्य सुन्नी देश थे और दूसरी ओर ईरान, इराक एवं लेबनान के शिया थे। दोनों पक्षों के लिए यह बराबर की स्थिति थी। इसके अलावा मॉस्को और पश्चिम में पुनर्जीवित शीत युद्ध की स्थिति

है, जो लीबिया के युद्ध के कारण और गहरा गई है तथा हाल ही में युक्रेन के संकट के कारण और भी बदतर हो गई है।

यह युद्ध 400 वर्ष पहले हुए जर्मनी के 30 वर्षीय युद्ध का मध्य-पूर्व वर्ज़न बन गया है। अनेक पक्ष विभिन्न कारणों से एक-दूसरे से लड़ रहे हैं और सभी की माँगें शांति समझौता है। सभी एक ही समय में अपने हथियार रखने के इच्छुक हैं। कुछ लोग अभी भी सोचते हैं कि वे जीत सकते हैं, जबकि अन्य बस हार से बचना चाहते हैं। सीरिया में सन् 1618 और 1648 के बीच में जर्मनी की तरह सभी पक्ष अपनी क्षमताओं को बढ़ा-चढ़ाकर देखते हैं और यह सोचते हैं कि युद्धभूमि में अस्थायी सफलता से उनके लिए पूर्ण विजय का मार्ग प्रशस्त होगा। सीरिया के अनेक लोग यह समझते हैं कि उनके गृहयुद्ध का परिणाम व्यापक रूप से अमेरिका, रूस, सऊदी अरब और ईरान पर निर्भर करता है। शायद उनकी यह सोच सही है।

□

सऊदी अरब की वापस निकलने की कोशिश

ISIS द्वारा दहला देनेवाली पाँच मिनट की एक फिल्म में बनाई गई है। इसमें यह दिखाया गया है कि उसके लड़ाकू सीरिया और इराक को जोड़नेवाली सड़क रोक लेते हैं, जो मुख्य राजमार्ग सी प्रतीत होती है। एक स्थूलकाय दाढ़ीवाला बंदूकधारी चालकों के पहचान-पत्रों की जाँच करता है, जो कि घबराए हुए उसके सामने खड़े हैं।

"तुम सभी शिया हो?" धमकी भरे लहजे में वह पूछता है।

"नहीं, हम होम्स के सुन्नी हैं।" उनमें से एक चालक धीमी आवाज में कहता है। उसके लहजे से निराशा झलकती है।

"अल्लाह आपको कामयाब करे।"

"हम बस जिंदा रहना चाहते हैं।" एक अन्य चालक ने विनती की, "हम यहाँ हैं, क्योंकि हम अपनी जीविका कमाना चाहते हैं।"

ISIS के आदमी यह देखने के लिए उनकी जाँच करते हैं कि वे सुन्नी ही हैं या नहीं।

"सुबह की प्रार्थना के लिए तुम कितनी बार झुकते हो?" वह पूछता है।

उनके उत्तर में तीन और पाँच के बीच का अंतर है।

"सीरिया की प्रतिष्ठा के साथ अलावाइट क्या कर रहे हैं?" आलंकारिक ढंग से वह बंदूकधारी पूछता है, जिसके पास उस समय तक अन्य लड़ाकू भी आ गए थे।

"वे महिलाओं का बलात्कार कर रहे हैं और मुसलमानों की हत्या कर रहे हैं। तुम्हारी बातचीत से यह लगता है कि तुम बहुदेववादी हो।"

तीनों चालकों को बगल की सड़क पर ले जाया जाता है। गोली चलती है और उनकी हत्या कर दी जाती है।

सीरिया और इराक पर सलाफी जेहादियों और जेहाद के प्रति प्रतिबद्ध कट्टर इसलामी लड़ाकुओं का प्रभुत्व हो गया है। दमिश्क-बगदाद सड़क पर गैर-सुन्नी चालकों की हत्या करनेवाले इसी नमूने के उदाहरण हैं। पश्चिमी सरकारों को इस बात की बहुत परवाह न हो कि सीरिया, इराक और पाकिस्तान में कितने शिया मरते हैं; लेकिन वे यह तो देख सकते हैं कि ओसामा बिन लादेन के अल कायदा के समान ही 9/11 की घटना से पहले उनके सुन्नी आंदोलन का बेस अफगानिस्तान में था, तब जबकि वे तालिबान के अधीन थे।

यह दिखावा कि पश्चिम-समर्थित और कथित रूप से धर्म निरपेक्ष समझी जाने वाली फ्री सीरियन आर्मी राष्ट्रपति बशर अल-असद को उखाड़ फेंकने के लिए लड़ रही थी। दिसंबर 2013 में अंततः वह समय खत्म हो गया। जेहादियों ने आपूर्ति करनेवाले भंडारों को ध्वस्त कर दिया और उनके कमांडरों की हत्या कर दी। विरोधी आंदोलन में जेहादियों के उत्थान में सऊदी अरब की केंद्रीय भूमिका थी। उसने दिसंबर 2013 की गरमियों में सीरिया के विद्रोहियों के मुख्य फंड देने वाले देश के रूप में कतर का स्थान लिया था। लेकिन सऊदी अरब की भूमिका फंड देने वाले देश से कहीं ज्यादा लंबी व गहरी थी; सीरिया आनेवाले उसके

लड़ाकुओं की संख्या किसी अन्य देश से ज्यादा थी।

सऊदी धार्मिक नेता अत्यंत तीव्र गति से असद के विरुद्ध सशस्त्र हस्तक्षेप की माँग करते थे—या तो व्यक्तिगत स्वयंसेवक के रूप में या राज्य द्वारा, ऐसा किया जाए। वहाबियों के सिद्धांत, इसलाम के विशुद्ध यथार्थवाद पर आधारित सऊदी संस्करण के विशेष रूप से सऊदी अरब के शैक्षिक और न्यायिक प्रणाली द्वारा मान्यता दी गई थी। इसलाम का यह रूप अल कायदा और मध्य-पूर्व के अन्य सलाफी जेहादी समूहों के इसलाम से भिन्न नहीं था। वहाबी अन्य प्रकार की इसलामी मान्यताओं के साथ ही गैर-इसलामी मान्यताओं को भी नकारते हैं। उनकी नजर में शियावाद अपधर्म है, ठीक उसी तरह जिस तरह सुधारवादी यूरोप में रोमन कैथोलिकों द्वारा प्रोटेस्टेंटों का विरोध किया जाता था और उन्होंने इसे उखाड़ फेंकने की कोशिश की थी।

इसमें कोई संदेह नहीं कि अच्छी तरह वित्त-पोषित वहाबी प्रचार ने शिया व सुन्नियों के बीच के लगातार उग्र होते संघर्ष को गहराने में महत्त्वपूर्ण योगदान किया है। यूरोपियन पार्लियामेंट की विदेश नीति के महानिदेशालय द्वारा प्रकाशित सन् 2013 के एक अध्ययन में, जिसका शीर्षक है—'विश्व के विद्रोही नेताओं को समर्थन एवं हथियारों की आपूर्ति में सलाफियों/वहाबियों की संलिप्तता' यह बताते हुए शुरुआत की गई कि सन् 1980 से ही विद्रोही और आतंकवादी संगठनों को वित्तीय सहायता पहुँचानेवाले सऊदी अरब ने वहाबी कार्य-सूची को प्रोत्साहित करने के लिए 10 अरब डॉलर दिए और यह भविष्यवाणी की कि प्रशिक्षित जेहादी लड़ाकुओं की संख्या बढ़ेगी।

सऊदी अरब के शिया-विरोधी दृष्टिकोण का आरंभ अठारहवीं सदी में हाउस ऑफ सउद और वहाबियों के बीच समझौते से होती है। लेकिन किसी जेहादी आंदोलन का राजनीतिक शक्ति के रूप में विकास सन् 1979

से होता है, जब सोवियत संघ (तत्कालीन) द्वारा अफगानिस्तान पर आक्रमण किया गया और ईरान की क्रांति हुई थी तथा अयातोल्लाह खोमैनी ने ईरान को शिया धार्मिक राज्य के रूप में परिवर्तित कर दिया था।

1980 के दशक में सऊदी अरब, पाकिस्तान (पाकिस्तानी फौज ज्यादा उचित होगा) और अमरीका के बीच एक समझौता हुआ था, जो अद्‍भुत रूप से टिकाऊ रहा। यह इस क्षेत्र में अमरीका का प्रमुख रूप से सत्ता स्थापित करने में काफी सहायक रहा; लेकिन इसने जेहादी आंदोलनों के लिए भी उपयुक्त परिस्थितियाँ तैयार कीं, इनमें से ओसामा बिन लादेन का अल कायदा मूलत: एक रूप था।

9/11 के आघात ने अमरीका में पर्ल हार्बर जैसी हलचल पैदा कर दी, जब लोगों की घृणा व भय को सद्दाम हुसैन और इराक पर हम से पहले ही विद्यमान नव-रूढ़िवादी कार्यसूची लागू करने के लिए तोड़-मरोड़कर प्रयोग किया जा सकता है। अल कायदा के दोषियों को प्रताड़ित करने के पीछे यह एक कारण था कि इस आक्रमण में इराक से सम्मिलित होने की स्वीकारोक्ति ली जा सके, न कि सऊदी अरब की।

9/11 की घटना पर आयोग की रिपोर्ट में सऊदी अरब की अल कायदा को वित्तीय सहायता देनेवाले एक प्रमुख स्रोत के रूप में पहचान की गई; लेकिन इस आधार पर सऊदी अरब के विरुद्ध कोई काररवाई नहीं की गई। उस हमले के छह वर्ष के बाद सन् 2007 में जब इराक में सैन्य संघर्ष अपने चरम पर था, यू.एस. ट्रेजरी में अवर सचिव और आतंकवादियों को दी जानेवाली वित्तीय सहायता का पर्यवेक्षण करने और उसे कम करने के प्रभारी, स्टुअर्ट लेवी ने एबीसी (ABC) समाचार को बताया कि जब अल कायदा की बात आती है तो मैं किसी तरह अपने प्रयास से एक देश की वित्तीय सहायता को काट देता हूँ तो यह देश सऊदी अरब ही होता है। उन्होंने यह भी कहा कि संयुक्त राज्य या संयुक्त राष्ट्र

ने आतंकवाद को वित्तीय सहायता दे रहे व्यक्तियों की पहचान की, लेकिन सऊदी अरब ने ऐसे एक भी व्यक्ति के खिलाफ कोई कारखाई नहीं की।

सऊदी अरब द्वारा सहयोग न किए जाने पर होनेवाली अत्यधिक निराशा के बावजूद कई वर्षों तक कुछ खास सुधार नहीं हुआ। जैसा कि पहले बताया गया है, सन् 2009 में विकीलीक्स द्वारा जारी केबल में अमरीकी विदेश मंत्री हिलेरी क्लिंटन ने लिखा, "अल कायदा, तालिबान, लश्कर-ए-तैयबा (पाकिस्तान) और अन्य आतंकवादी समूहों को वित्तीय सहायता देनेवाला सऊदी अरब प्रमुख देश है।" उन्होंने आपत्ति जताई कि सऊदी अरब ने घरेलू खतरे के रूप में अल कायदा के विरुद्ध कारखाई की, न कि विदेशों में इसकी कारखाइयों के विरुद्ध।

अमरीकी राजनयिक ट्रैफिक में प्रकट होनेवाला एक प्रमुख बिंदु यह भी था कि सऊदी अरब द्वारा शिया टकराव को किस हद तक प्राथमिकता दी जाती है? यहाँ संदेह गहरा हो जाता है। उदाहरण के लिए, पाकिस्तान को लेते हैं, जो सऊदी अरब का सबसे महत्त्वपूर्ण सहयोगी है, जिसके बारे में सऊदी अरब के एक वरिष्ठ राजनयिक ने बताया कि पाकिस्तान में हम पर्यवेक्षक नहीं हैं, बल्कि भागीदार हैं। 9/11 की घटना से पहले अफगानिस्तान की सरकार के रूप में तालिबान को मान्यता सिर्फ सऊदी अरब, पाकिस्तान और संयुक्त अरब अमीरात ने ही दी थी।

सऊदी अरब का शिया-विस्तारवाद के प्रति भय थोड़ा सनक भरा और अतिशयोक्तिपूर्ण है, क्योंकि शिया कुछ ही मुट्ठी भर देशों में शक्तिशाली हैं, जहाँ वे बहुमत में हैं या जहाँ वे एक मजबूत अल्पसंख्यक के रूप में हैं। सत्तावन मुसलिम देशों में से सिर्फ चार देशों में ही वे बहुमत में हैं।

इसके बावजूद सऊदी अरब पाकिस्तान के राष्ट्रपति आसिफ अली जरदारी के प्रति भी बहुत शंकालु था और इस संदर्भ में यह स्पष्ट किया कि वे पाकिस्तान में एक सैन्य तानाशाह को वरीयता देंगे। सं. अरब अमीरात

के विदेश मंत्री शेख अब्दुल्लाह बिन जाएद के अनुसार, इसका कारण धार्मिक है, उन्होंने अमरीकियों को बताया कि सऊदी अरब को संदेह है कि जरदारी शिया हैं और इस प्रकार यह सऊदी अरब के लिए चिंता का कारण था कि इससे क्षेत्र में ईरान, इराक की मलिकी सरकार और जरदारी के अधीन पाकिस्तान के बीच एक शिया त्रिशंकु बन जाएगा।

विधर्मी के रूप में शिया के प्रति शत्रुता के साथ ही ईरान के प्रति घृणा और भय था। शाह अब्दुल्लाह ने लगातार अमरीका से ईरान पर आक्रमण करने की गुहार लगाई और कहा कि साँप का सिर काट दो। इराक में बहुसंख्यक शियाओं के प्रभाव को समाप्त करना दूसरी वरीयता थी। यहाँ इस बात के दूसरे कारण थे कि इराक में सरकार के विरुद्ध जेहादियों की कारवाइयों के प्रति सऊदी अरब की सहानुभूति थी।

शिया सरकार द्वारा इराक पर नियंत्रण किया जाना मिस्र में सन् 1171 में सलादीन द्वारा फातिमिद वंश को उखाड़ फेंकने के बाद अरब जगत् में पहली घटना थी। रियाद और अन्य सुन्नी राज्यों को गंभीर खतरे दिखाई देने लगे जिनके शासक इस ऐतिहासिक पराजय को पलट देना चाहते थे। इराकी सरकार ने सन् 2009 में घबराहट के साथ इस बात को महसूस किया कि जब सऊदी अरब में इमाम ने शियाओं की हत्या का फतवा जारी किया तो इस बयान की निंदा करने की बजाय इस क्षेत्र की सुन्नी सरकारों ने इस पर 'संदेहास्पद चुप्पी' साध ली।

सन् 2011 के अरब विद्रोह से सांप्रदायिकता को और बढ़ावा मिला, जिसमें सऊदी अरब भी शामिल है, जो अपने पूर्वी प्रांत में शियाओं के अल्पसंख्यक होने के प्रति सदैव सचेत रहता है। मार्च 2011 में 1,500 सऊदी सेना की टुकड़ी बहरीन के अल-खलीफा शाही परिवार की सहायता के लिए भेजी गई, जब वहाँ के शासकों द्वारा वहाँ के द्वीप पर बहुसंख्यक शियाओं द्वारा प्रजातंत्र समर्थकों के आंदोलन को कुचला गया था। खुलेआम

धार्मिक कट्टरता का शिकंजा तब अधिक स्पष्ट हो गया, जब शिया मजारें ध्वस्त कर दी गई थीं।

सऊदी अरब ने सीरिया में असद सरकार की सत्ता में बने रहने की क्षमता और रूस, ईरान व लेबनान में हिज्बुल्लाह से मिल रहे समर्थन का आकलन करने में गलती की। लेकिन कतर और तुर्की के साथ सऊदी अरब निरपेक्ष प्रजातांत्रिक बदलाव पर कम जोर देने लगा तथा यह प्रवृत्ति ऐसी बागी विचारधारा में बदल गई, जिसमें सलाफी जेहादियों का बगावत के अग्र मोर्चे के रूप में इस्तेमाल किया जाने लगा। अपेक्षानुरूप अलावाइट और अन्य अल्पसंख्यकों ने यह महसूस किया कि उनके पास मौत से लड़ने के सिवाय और कोई दूसरा विकल्प नहीं है।

आनेवाले समय में वाशिंगटन में सऊदी अरब और अन्य सुन्नी राजतंत्रों द्वारा सीरिया के जेहादी लड़ाकुओं को हथियारों की आपूर्ति और वित्तीय मदद पर क्रोध के चिह्न के रूप प्रकट होने लगे। अमरीका को लगातार इस बात का भय था कि इस तरह के समर्थन से' 80 के दशक के अफगानिस्तान वाली स्थिति बन जाएगी, जब विद्रोहियों के प्रति अंधाधुंध समर्थन का परिणाम अंततः अल कायदा, तालिबान और जेहादी लड़ाकुओं के जन्म के रूप में हुआ। अमरीकी खुफिया विभाग के प्रमुख जेम्स क्लैपर का अनुमान था कि सीरिया में लड़ रहे विदेशी लड़ाकुओं की संख्या 7,000 के लगभग थी, जिनमें से अधिकांश अरब जगत् के थे।

अमरीका के विदेश मंत्री जॉन केरी ने सन् 2012 से ही सऊदी खुफिया विभाग के प्रमुख और वाशिंगटन में पूर्व सऊदी राजदूत प्रिंस बांडर बिन सुलतान की असद सरकार को उखाड़ फेंकने की योजना की निजी तौर पर आलोचना की। प्रिंस बांडर ने राष्ट्रपति ओबामा की सार्वजनिक रूप से यह कहते हुए निंदा की कि जब सीरिया में नागरिकों के विरुद्ध रासायनिक अस्त्रों का प्रयोग किया जा रहा था, तो अमरीका ने

वहाँ सैन्य हस्तक्षेप नहीं किया।

लेकिन यह पूरी तरह स्पष्ट हो चुका था कि सऊदी अरब भी इस बात से चिंतित था कि उन जेहादियों को, जिन्हें उसने देश छोड़कर सीरिया के युद्ध में शामिल होने की पहले अनुमति दी थी, वे घर वापस आकर राज्य के शासकों के विरुद्ध अपने हथियार उठा लेंगे। फरवरी और मार्च 2014 के दौरान अचानक अपनी पूर्व नीति को बदलते हुए सऊदी अरब ने सीरिया के लिए जानेवाले अपने लड़ाकुओं को वहाँ न जाने का आदेश दिया और अन्य सभी विदेशी लड़ाकुओं को देश छोड़ देने का आदेश दिया।

शाह अब्दुल्लाह ने सऊदी अरब के लोगों द्वारा विदेशी लड़ाई लड़ने को आधिकारिक रूप से एक अपराध बताया। सऊदी अरब के खुफिया विभाग के प्रमुख प्रिंस बांडर बिन सुलतान, जिन पर जेहादी समूहों के लिए धन और अस्त्रों की आपूर्ति की जिम्मेदारी थी, उन्हें अचानक ही सऊदी अरब की सीरिया के प्रति नीति की देखरेख की जिम्मेदारी से मुक्त कर दिया गया और उनके स्थान पर गृह मंत्री मोहम्मद बिन नाएफ को नियुक्त किया गया, जिनके अमरीका के साथ अच्छे संबंध थे और जो अरब जगत् में मुख्य रूप से अल कायदा के विरुद्ध अपने आंदोलन के लिए जाने जाते थे।

सऊदी शासक शाह अब्दुल्लाह का बेटा और सऊदी सुरक्षा गार्ड प्रमुख प्रिंस मितेब बिन अब्दुल्लाह ने भी सीरिया के प्रति सऊदी नीति-निर्माण में महत्त्वपूर्ण भूमिका निभाई है। सऊदी अरब के खाड़ी के कुछ राजतंत्रों के साथ मतभेद ज्यादा स्पष्ट होते जा रहे थे। सऊदी अरब, बहरीन और सं. अरब अमीरात द्वारा मार्च 2014 में कतर से अपने राजदूतों को वापस बुला लिया गया। इसका प्रमुख कारण कतर द्वारा मिस्र में मुसलिम ब्रदरहुड को दिया जानेवाला समर्थन है। लेकिन इसके अलावा, सीरिया

के नियंत्रण से बाहर जेहादी समूहों को धन और अस्त्रों की आपूर्ति किया जाना भी मुख्य कारण रहा है।

मार्च 2014 में अमरीका के आतंकवाद और वित्तीय खुफिया विभाग में अवर सचिव डेविड कोहेन ने सऊदी अरब की अपनी सीमा के भीतर अल कायदा को वित्तीय सहायता दिए जानेवाले स्रोतों पर प्रहार किए जाने के लिए प्रशंसा की थी; लेकिन यह भी चेतावनी दी थी कि अन्य जेहादी समूहों की राज्य के दानियों तक पहुँच है। उन्होंने इस बात पर कटुता के साथ यह कहते हुए महत्त्व दिया कि खाड़ी के राजतंत्रों में सऊदी अरब जेहादी समूहों को समर्थन देनेवाला अकेला देश नहीं है। उन्होंने कहा कि हमारा सहयोगी कुवैत सीरिया के आतंकवादी समूहों के लिए धन इकट्ठा करने का केंद्र बन गया है। उन्होंने विशेष रूप से नाएफ अल-अज्मी के न्यायमंत्री और इसलामी औकाफ और इसलामी मामलों का मंत्री बनाए जाने पर यह कहते हुए आपत्ति जताई कि अल-अज्मी द्वारा सीरिया में जेहाद को बढ़ावा देने का इतिहास रहा है। वास्तव में उनकी तसवीर अल-नुसरा को वित्तीय सहायता देनेवालों के एक प्रमुख पोस्टर में छपती रही है। अमरीका के दबाव में उसे अपना पद छोड़ना पड़ा था।

यह संभव है कि सऊदी अरब के लिए सीरिया में जेहादियों को दिए गए अपने समर्थन को पूरी तरह वापस ले पाने में शायद बहुत देर हो गई हो। जेहादियों के सोशल मीडिया द्वारा सऊदी अरब के शाही परिवार पर खुला आक्रमण किया जा रहा है। पूर्व के वर्षों में शाह अब्दुल्लाह द्वारा राष्ट्रपति जॉर्ज डब्ल्यू. बुश को एक पदक देते हुए दिखाया गया है। इस चित्र का आलोचनात्मक ढंग से शीर्षक दिया गया—'दो इसलामी देशों पर आक्रमण करने के लिए पदक है।' ट्वीटर पर एक अन्य निंदाजनक चित्र में ट्रक के पीछे सशस्त्र चेहरा छुपाए हुए लड़ाकुओं को दिखाया गया है, जिसका शीर्षक है—'ईश्वर की इच्छा से हम अरब जगत् में इसी

तरह घुसेंगे। आज लेवांत में और कल अल-कुरायत और अरार में (सऊदी अरब के उत्तरी भाग के दो शहर)।'

निस्संदेह शिया नेताओं को यह संदेह है कि सऊदी अरब की नीति में इतना बड़ा बदलाव बहुत ही गहराई में हो रहा है। सेंटर फॉर शिया एकेडेमिक स्टडीज के प्रमुख यूसिफ अल-खोई कहते हैं, ''हाल ही में आत्महत्या को गैर-कानूनी घोषित करने का फतवा एक सकारात्मक कदम है; लेकिन सऊदी अरब को अपनी शिक्षा व्यवस्था में सुधार लाने के लिए गंभीर प्रयास करने की जरूरत है, जो वर्तमान में शिया, सूफी, ईसाई, यहूदी और अन्य संप्रदायों व धर्मों को पिशाच मानता है। उन्हें इतने सारे उपग्रह केंद्रों से घृणा का संदेश फैलाने से रोकने की जरूरत है और नफरत फैलानेवालों को सोशल मीडिया के स्वतंत्र प्रयोग की अनुमति नहीं दी जानी चाहिए।

शिया नेता सऊदी मौलवियों (clerics) द्वारा जारी अनेक फतवे उद्धृत करते हैं, जिनमें उन्हें गैर-मुसलिम बताया गया। ऐसे ही एक फतवे में यह घोषणा की गई, ''शिया और सुन्नी के बीच मेल-मिलाप इसलाम और ईसाई मत के बीच मेल-मिलाप के समान है।''

वहाबी मत के अनुयायी ईसाई धर्म के चर्च को बुतपरस्त और बहुदेववाद का स्थान मानते हैं, क्योंकि यीशु और उनकी माँ का चित्र और क्रॉस का इस्तेमाल इन सबसे पता चलता है कि ईसाई मतानुयायी किसी एक परमात्मा की आराधना नहीं करते। यह विचार केवल सऊदी अरब तक ही सीमित नहीं है, बल्कि इकहत्तर सुन्नी मुल्ला मौलवियों ने यह माँग रखी कि सरकार को चर्च बनाने की इजाजत नहीं देनी चाहिए। जब अल-खलीफा के शाही परिवार ने सन् 2011 में बहरीन में शिया बहुसंख्यकों द्वारा किए गए लोकतंत्र के समर्थन में विरोध को कुचल दिया तो सबसे पहले सुरक्षा बलों ने अनेकों मसजिदें, मजारें तथा शिया पाक

लोगों की कब्रें इस आधार पर तहस-नहस कर दी थीं कि उन्होंने सही ढंग से निर्माण-परमिट नहीं लिये थे।

सुन्नी इसलाम की मुख्य धारा 'वहाबीकरण' हमारे युग की सबसे ज्यादा खतरनाक घटनाओं में से एक है। इतिहासकार तथा कट्टरपंथी अली अलावी कहते हैं कि देश-दर-देश सुन्नी संप्रदायों ने वहाबी मत के सिद्धांत मान लिये हैं, जो प्रारंभ में उनके धर्म-संग्रह का हिस्सा नहीं थे। वहाबीवाद के उदय की प्रमुख विशेषता सऊदी अरब के पास वित्तीय तथा राजनीतिक ताकत है। डॉ. अल्लावी कहते हैं कि उदाहरण के तौर पर यदि एक मुसलिम बंगलादेश में विचार गोष्ठी आयोजित करना चाहता है तो उसे सऊदी अरब से 20,000 पाउंड मिल सकते हैं। लेकिन वही व्यक्ति वहाबवाद का विरोध करना चाहे तो फिर उसे 'सीमित संसाधनों के साथ ही संघर्ष' करना पड़ेगा। इसका परिणाम यह है कि संप्रदायवाद और अधिक गहरा होता जा रहा है, शिया लोगों को गैर-मुसलिम के रूप में निशाना बनाया जा रहा है और गैर-मुसलिमों को भागने को विवश होना पड़ रहा है; जैसे कि इराक और सीरिया जैसे देश के ईसाई, लगभग 2,000 वर्षों से वहाँ रहते आए थे, उन्हें वहाँ से निकाला जा रहा है।

डॉ. अल्लावी का कहना है कि यह कल्पना करना भी सहज है कि मलेशिया और मिस्र जैसे देशों में विगत सुन्नी बहुसंख्यकों में शिया अल्पसंख्यकों के प्रति इतनी घृणा की भावना नहीं थी, बल्कि अभी हाल ही में उन्हें बहिष्कृत व प्रताड़ित किया जा रहा है। वे कहते हैं कि अब बहुत सारे शिया अवश्यंभावी विनाश की भावना के साथ जीते हैं। 'जर्मनी में 1935 में यहूदियों की तरह' सदियों तक चली यूरोप की यहूदी-विरोधी भावना की तरह शियाओं को कथित रूप से आनुष्ठानिक कौटुंबिक व्यभिचार जैसे घृणित रिवाजों के लिए नरक जैसा जीवन

जीना पड़ रहा है। सन् 2013 में काहिरा के निकट एक गाँव में अपने निजी मकान में अपना धार्मिक उत्सव मनाते हुए चार शिया युवाओं की भीड़ द्वारा हत्या कर दी गई।

डॉ. अल्लावी कहते हैं कि पिछले 1,400 वर्षों से इसलामी शिक्षा के संपूर्ण संग्रह की अनदेखी की जाती रही है। इराक और सीरिया में अल कायदा जैसे आंदोलनों के आदर्श वेर ही नहीं हैं, जो वहाबबाद के हैं। लेकिन उनके विश्वास एक ही हैं, बस वे थोड़ा ज्यादा अतिवाद की ओर उन्मुक्त हैं। इस बात पर विचित्र वाद-विवाद है कि ताली बजाना मना है या नहीं अथवा महिलाओं को ब्रा पहननी चाहिए या नहीं। नाइजीरिया के बोकोहराम की तरह इराक और सीरिया के आतंकवादी भी युद्ध के अवशेष रूप में महिलाओं को गुलाम बनाकर रखने में किसी भी प्रकार का धार्मिक निषेध नहीं देखते हैं।''

इस बात के संकेत भी हैं कि अब सऊदी शासकों को सीरिया में राष्ट्रपति असद को उखाड़ फेंकने की उनकी कोशिशों में जेहादियों को इतना ज्यादा समर्थन देने पर पछतावा हो रहा है। उदाहरण के लिए, सन् 2014 के आरंभ में उन्होंने ईरान के विदेश मंत्री को राज्य का दौरा करने के लिए आमंत्रित किया। लेकिन हो सकता है कि उन्हें बहुत देर हो गई है। यदि वही सरकार अब सऊदी जेहादियों को देश लौटने पर जेल भेजने की धमकी देती है, जो जेहादियों की दृष्टि में यह उनके साथ धोखा तथा उनके प्रति चरम सीमा पर किया गया ढोंग है।

□

यदि रक्त बहता है तो यह आगे बढ़ता है

पिछले बारह वर्षों में अफगानिस्तान, इराक, लीबिया और सीरिया में लड़ी गई चार लड़ाइयों में अत्यंत गहरे रूप से विभाजित देशों में छुपे या खुले रूप में विदेशी हस्तक्षेप रहा था। हर मामले में पश्चिम के हस्तक्षेप के कारण विद्यमान मतभेद और अधिक गहराया तथा इस हस्तक्षेप से विरोधी दलों को गृहयुद्ध की ओर धकेला। हर देश में पूरे विपक्ष या विपक्षी दल का कुछ हिस्सा कट्टरपंथी जेहादी लड़ाकुओं का रहा है। लड़ाई के वास्तविक मुद्दे जो भी रहे हों, राजनीतिज्ञों द्वारा हस्तक्षेप को प्रमुख रूप से तानाशाहों और पुलिस राज्यों के विरुद्ध मानवता के आधार पर लोकप्रिय ताकतों को दिए गए समर्थन के रूप में पेश किया गया। स्पष्ट सैन्य सफलताओं के बावजूद, इनमें से किसी मामले में स्थानीय विपक्ष और उनके समर्थक शक्ति को संगठित करने या स्थायी राज्यों के निर्माण में सफल नहीं हुए।

लेकिन इसके अलावा एक अन्य समानता है, जो इन चारों लड़ाइयों को जोड़ती है—अधिकांश सशस्त्र संघर्षों से ज्यादा ये सभी प्रचार युद्ध

ज्यादा रहे हैं, जिनमें समाचार-पत्र, टेलीविजन और रेडियो पत्रकारों ने केंद्रीय भूमिका अदा की। प्रत्येक युद्ध संबंधी दिए गए समाचार और वास्तविकता के बीच अंतर है; लेकिन इन चारों आंदोलनों के दौरान बाहरी विश्व को केवल गलत धारणाएँ ही मिलीं, यहाँ तक कि विजेता और पराजित की पहचान के बारे में भी।

सन् 2001 में अफगान युद्ध के बारे में दी गई खबरों से यह छाप छोड़ी कि इस युद्ध में तालिबान की निर्णायक रूप से पराजय हुई है; जबकि लड़ाई बहुत थोड़ी हुई थी। सन् 2003 में पश्चिम का यह विश्वास था कि सद्दाम हुसैन की फौजें कुचल दी गई थीं; जबकि वास्तव में इराकी सेना, जिसमें सर्वोत्कृष्ट विशेष रिपब्लिकन गार्ड की इकाइयाँ भी शामिल थीं, बिखरकर घर वापस हो गई थीं। लीबिया में सन् 2001 में विद्रोही लड़ाकुओं को ट्रक पर लदी भारी मशीनगनों से शत्रुओं की दिशा में गोलाबारी करते हुए टेलीविजन पर काफी अधिक प्रसारित किया गया, जबकि मुअम्मर गद्दाफी को सत्ताच्युत करने में उनकी सीमित भूमिका थी। उसका पतन तो अधिकांशतः नाटो के हवाई हमले के कारण ही हुआ था। सीरिया में सन् 2011 और 2012 में विदेशी नेताओं व पत्रकारों ने लगातार और व्यर्थ रूप से बशर अल-असद की अवश्यंभावी पराजय की भविष्यवाणी की थी।

इन गलत धारणाओं से यह पता चलता है कि अनपेक्षित रूप में सफलता कैसे पलट गई? सन् 2006 में तालिबान का पुनः उद्भव हुआ, क्योंकि उनकी उतनी बुरी तरह से पराजय नहीं हुई थी, जितना कि शेष विश्व ने कल्पना की थी। सन् 2001 के अंत में काबुल से कंधार तक सुरक्षित रूप से यात्रा करना संभव था। लेकिन वही यात्रा सन् 2011 में करने पर काबुल की सीमा के बाहर मुख्य सड़क पर दक्षिण की ओर अंतिम पुलिस स्टेशन से आगे नहीं बढ़ सकी। त्रिपोली में दो साल पहले

पत्रकारों से होटल खचाखच भरे होते थे, जो गद्दाफी के पतन और विद्रोही लड़ाकुओं की विजय पर रिपोर्ट लेने के लिए वहाँ ठहरे थे। अभी तक राज्य की सत्ता वहाँ बहाल नहीं की गई थी। सन् 2013 की गरमियों में लीबिया द्वारा तेल का निर्यात लगभग बंद कर दिया गया, क्योंकि आंतरिक विद्रोह के कारण भूमध्य सागर स्थित मुख्य बंदरगाह पर लड़ाकुओं का कब्जा हो गया था।

प्रधानमंत्री अली जैदान ने 'हवा और जल द्वारा' उन तेल टैंकरों को बम से उड़ा देने की धमकी दी थी, जिनका प्रयोग लड़ाकू काले बाजार में तेल बेचने के लिए कर रहे थे। शीघ्र ही खुद जैदान को देश छोड़कर भाग जाने के लिए विवश होना पड़ा।

लीबिया को अराजकता पूर्ण स्थिति में पहुँचाने के संबंध में अंतरराष्ट्रीय मीडिया द्वारा शायद ही कोई रिपोर्ट दी गई। बहुत पहले ही वे सीरिया चले गए और हाल ही में मिस्र। इराक, कुछ वर्ष पहले विभिन्न विदेशी समाचार ब्यूरो का केंद्र था, वह भी मीडिया के मानचित्र में कहीं नजर नहीं आ रहा था, यद्यपि एक हजार इराकी हर महीने मारे जा रहे थे, जो कि अधिकांशत: नागरिक ठिकानों पर की जा रही बमबारी का परिणाम था। जब जनवरी में बगदाद में कुछ दिनों तक बारिश हुई तो वहाँ जल निकास प्रणाली बेकार साबित हुई, जो कथित रूप से 7 अरब डॉलर की लागत पर पुन: बहाल कर दी गई थी, कुछ सड़कों पर तो पानी और गंदगी भर गई।

सीरिया में विपक्ष के अनेक लड़ाकू, जो अपने समुदायों की सुरक्षा के लिए बहादुरी से लड़े थे, वे भी विद्रोहियों के नियंत्रणवाले क्षेत्रों पर कब्जा करने के लाइसेंसधारी डाकू बन गए और गुंडागर्दी में लग गए।

ऐसा नहीं है कि संवाददाताओं ने वहाँ जो कुछ भी देखा, उन्होंने घटनाओं के विवरण देने में तथ्यों को गलत तरीके से पेश किया; लेकिन

'युद्ध संवाददाता' जैसे शब्द स्वयं पत्रकारों द्वारा भी प्रयोग नहीं किया जाता है, इन शब्दों के प्रयोग से इस बात को समझने में मदद मिलती है कि गलती कहाँ हुई है? कड़क लहजे को छोड़ भी दें तो इससे गुमराह करनेवाला यह प्रमाण मिलता है कि सैन्य लड़ाई को केंद्र में करके युद्ध का पर्याप्त रूप से वर्णन किया जा सकता है। अनियमित और गुरिल्ला लड़ाई हमेशा बहुत ही राजनीतिक होती हैं और 9/11 के बाद यह रुको और लड़ो से ज्यादा भी नहीं है। इसका अभिप्राय यह नहीं कि युद्धक्षेत्र में जो कुछ हुआ, वह कम महत्त्वपूर्ण है। इसे बस व्याख्या की जरूरत है। सन् 2003 में बगदाद के उत्तर में मुख्य सड़क पर अमरीकी हवाई हमले में चूर-चूर हुए और जलते हुए इराकी टैंकों को दिखाया गया। यदि यह मरुस्थल की पृष्ठभूमि में होता तो दर्शकों को सन् 1944 में नारमंडी में जर्मनी की पराजित फौजों को देखने का मौका मिलता। लेकिन कुछ टैंकों पर चढ़ने और स्थिति का जायजा लेने के पश्चात् पता चलता कि उन पर हमला करने से काफी पहले से ही वे वहाँ पड़े थे। यहाँ यह इसलिए भी महत्त्वपूर्ण है, क्योंकि इससे यह पता चलता है कि इराक की फौज सद्दाम हुसैन के लिए लड़ने व मरने के लिए तैयार नहीं थी। इससे संबंधित पेशे के संभावित भविष्य की ओर भी संकेत मिलता है। इराकी फौजें जो स्वयं को पराजित रूप में नहीं देखती हैं, उन्हें आशा थी कि सद्दाम के बाद भी उनकी नौकरी बरकरार रहेगी। और जब अमरीकियों द्वारा उनकी सेना को भंग कर दिया गया तब वे क्रोधित हो गए। सुप्रशिक्षित अधिकारी प्रतिरोध में इकट्ठे हो गए, जिसका कब्जा करनेवाले बलों के लिए विनाशकारी नतीजा निकला। एक वर्ष के बाद अमेरिका का नियंत्रण इराक के सिर्फ छोटे-छोटे क्षेत्रों पर ही रह गया।

एक तरह से युद्ध के बारे में खबर देना या रिपोर्टिंग पत्रकारिता के अन्य प्रकारों की तुलना में आसान है। घटनाओं की सनसनीखेज नाटकीयता

कहानी को आगे बढ़ाती है और श्रोताओं को आकर्षित करती है। कभी-कभी यह खतरे का काम होता है; लेकिन कैमरे से बात करता हुआ संवाददाता, जिसके पीछे बमों के फटने और धू-धू करके जलते सैन्य वाहनों के दृश्य हैं, जानता है कि उसकी रिपोर्ट बनाए गए। किसी भी समाचार प्रसारण का यह हिस्सा बनेगी।

"खून बहेगा तो आगे बढ़ेगा" एक पुरानी अमरीकी मीडिया कहावत है। युद्ध का नाटक आवश्यक रूप से खबरों पर छाया ही होता है; लेकिन जो भी कुछ घट रहा है, यदि उसका कुछ हिस्सा ही दिखाया जाता है तो यह युद्ध की नाटकीयता को अति सरल करने जैसा है। यह अति सरलीकरण अफगानिस्तान और इराक में विशेष रूप से कड़ा और भ्रामक था, जब उन लोगों ने इसे उस राजनीतिक प्रचार के साथ जोड़ दिया, जिसने पहले तो तालिबान को दुष्ट रूप में प्रस्तुत किया था और फिर बाद में सद्दाम को दुष्टों के अवतार के रूप में प्रस्तुत किया गया।

उन लोगों ने उस लड़ाई को अच्छाई और बुराई के बीच संघर्ष के रूप मे प्रस्तुत किया। 9/11 की घटना के बाद के उन्मादी माहौल में ऐसा करना विशेष रूप से आसान था। इन देशों में विपक्ष के कमजोर पक्ष की सहज ही अनदेखी कर दी गई।

सन् 2011 तक इराक और अफगानिस्तान की लड़ाई की जटिलता का बगदाद व काबुल के पत्रकारों को पता चल गया था, लेकिन आवश्यक रूप से लंदन और न्यूयॉर्क में बैठे उनके संपादकों को नहीं। परंतु तब तक सीरिया और लीबिया में युद्ध से जुड़ी खबरों में अंतर दिखाई दे रहा था। वह था सरलता का रूप, जो समान रूप से शक्तिशाली था। सन् 1968 जैसा जोश छाया हुआ था। वह घृणा, जिसका आरंभ अरब स्प्रिंग से होता है, उसे अचानक ही पुरानी बताया गया और उसके स्थान पर अत्यंत तीव्र गति से एक साहसी नए विश्व की रचना की जा रही थी। आलोचकों ने

आशावाद के साथ यह बताया कि उपग्रह टेलीविजन और इंटरनेट के जमाने में सेंसरशिप, कैद, प्रताड़ना और फाँसी जैसे दमन के पारंपरिक तरीके से अब पुलिस राज्य की शक्तियों को प्राप्त नहीं कर सकती है; बल्कि इसके परिणाम उलटे भी हो सकते हैं। सूचना और प्रसारण पर राज्य के नियंत्रण को मोबाइल फोन और ब्लॉग द्वारा खत्म कर दिया गया है; यू ट्यूब सुरक्षा बलों द्वारा किए गए अपराध व हिंसा का अत्यंत सुचित्रित और शीघ्र प्रस्तुतीकरण का शक्तिशाली माध्यम बन गया।

मार्च 2011 में व्यापक पैमाने पर हुई गिरफ्तारी और प्रताड़ना ने बहरीन के लोकतंत्र समर्थक आंदोलन को सहज ही कुचल दिया। सूचना क्रांति के क्षेत्र में आई नवीनता ने हो सकता है कि प्रतिकूलताओं को आंशिक रूप से विपक्षियों के पक्ष में बदल दिया हो; लेकिन इतना भी नहीं कि क्रांति के विरोध को रोका जा सके जैसा कि, मिस्त्र में 3 जुलाई, 2013 के सैन्य तख्तापलट में किया गया था। सड़कों पर प्रदर्शन में मिली आंशिक सफलता ने अपने आप होनेवाले कार्यों पर उनकी अत्यधिक निर्भरता को और बढ़ा दिया तथा उनमें आत्मविश्वास भी जगा दिया। नेतृत्व, संगठन, एकता और नीतियों की आवश्यकता, जो कुल मिलाकर एक अस्पष्ट मानवतावादी कार्य-सूची से ज्यादा कुछ नहीं था, सबकुछ दरकिनार कर दिया गया। इतिहास, जिसमें उनके अपने देश का इतिहास भी शामिल है, में इस पीढ़ी के उग्रवादियों और भविष्य के क्रांतिकारियों को सिखाने के लिए बहुत कुछ नहीं है। जब नासिर ने सन् 1952 में मिस्त्र की सत्ता पर कब्जा कर लिया था तो उस घटना से उन्हें कोई शिक्षा नहीं मिली और वे यह जानने के लिए उत्सुक भी नहीं हैं कि क्या सन् 2011 के अरब विद्रोह में सन् 1848 की यूरोपीय क्रांतियों से कोई समानता है, सहज विजय तेजी से बदल गई। लीबिया और सीरिया में बुद्धिजीवी वर्ग के अनेक सदस्य इंटरनेट की दुनिया में ही जीते हैं और उसी दुनिया में सोचते हैं।

कुछ लोगों ने ही, (जिनकी संख्या नगण्य है,) भविष्य के प्रति व्यावहारिक विचार व्यक्त किए हैं।

यह दृढ मत कि भ्रष्ट सरकार सभी बुराइयों की जड़ है, अधिकांश विपक्षियों की यही सार्वजनिक स्थिति है; लेकिन अपने ही प्रचार पर विश्वास करना खतरनाक है। इराकी विपक्ष को सचमुच में यह विश्वास था कि इराक की सभी जातीय और सांप्रदायिक समस्याओं की जड़ सद्दाम हुसैन हैं और एक बार उनका पतन हो जाने पर सबकुछ ठीक हो जाएगा। लीबिया और सीरिया के विपक्षियों का यह विश्वास था कि गद्दाफी और असद का शासनकाल खुले तौर पर इतना बुरा था कि यह पूछना कि उनके पतन के बाद जो आएगा वह अच्छा होगा, क्रांति-विरोधी था। विदेशी संवाददाताओं ने सामान्यत: इस विचार को साझा किया था। पश्चिमी पत्रकारों की नजर में लीबिया के लड़ाकों की एक त्रुटि का यहाँ उल्लेख करते हुए यह बताया गया है कि सिर्फ यह याद रखिए कि अच्छे आदमी कौन हैं?

उसने आलोचनात्मक ढंग से जवाब दिया।

हो सकता है कि वे अच्छे आदमी हों, लेकिन जिस सहजता के साथ विपक्षियों ने मीडिया के लिए उपयुक्त स्थान उपलब्ध कराए, चाहे वह तहरीर स्क्वायर हो या लीबिया या मोर्चा, उसमें कुछ परेशान करनेवाली बात थी। बेनगाजी में प्रदर्शनकारी शुद्ध अंग्रेजी में लिखे विज्ञापन लिये घूमते हैं, जो प्राय: वे खुद नहीं पढ़ सकते, लेकिन ये टेलीविजन दर्शकों के फायदे के लिए ऐसा करते हैं। बेनगाजी के दक्षिण में मुख्य तटवर्ती सड़क से दो घंटे की ड्राइव पर स्थित अज्दाबिया में विदेशी पत्रकारों की संख्या कभी-कभी लड़ाकों से ज्यादा होती है और कैमरामैन को कभी-कभी अपने संवाददाताओं को इधर-उधर करना पड़ता था, ताकि प्रेसवालों की इतनी बड़ी संख्या का दर्शकों को पता न चल सके। वहाँ सबसे बड़ा खतरा भारी मशीनगन से लदे छोटे ट्रकों द्वारा कुचले जाने का था।

कभी-कभी तो दूर बम फटने से ड्राइवर भी डर जाता था। लीबिया के लड़ाके जब अपने शहरों और नगरों के लिए लड़ रहे थे तो प्रभावशाली थे, लेकिन हवाई सुरक्षा के बिना वे कुछ सप्ताहों से ज्यादा नहीं लड़ सकते थे। इन झड़पों के कारण मीडिया का इस केंद्रीय मुद्दे से ध्यान हट गया कि अमरीका, ब्रिटेन और फ्रांस के सैन्य हस्तक्षेप द्वारा गद्दाफी को सत्ताच्युत कर दिया गया है।

इन चीजों के बारे में कुछ भी आश्चर्य में डालनेवाली बात नहीं है। हँसते-मुसकराते बच्चों या उल्लसित सैनिकों के साथ पश्चिमी नेताओं का सार्वजनिक रूप से प्रकट होना निस्संदेह सहानुभूति अर्जित करने का प्रयास था। अरब विद्रोहियों के पास भी ऐसा ही जन-संपर्क कौशल क्यों नहीं होना चाहिए? यहाँ समस्या यह थी कि जिस तरह से युद्ध संवाददाताओं ने इतनी जल्दी विपक्षियों के अत्याचार की कहानियों को मान लिया और उसे प्रसारित भी कर दिया। लीबिया में एक प्रभावशाली कहानी में बताया गया था कि विद्रोहियों के क्षेत्र में सरकारी फौजों द्वारा उच्चाधिकारियों के आदेश पर किस तरह महिलाओं के साथ सामूहिक दुष्कर्म किया गया था।

लीबिया के एक मनोवैज्ञानिक ने विद्रोहियों के कब्जेवाले क्षेत्र में 70,000 प्रश्नावलियाँ बाँटने का दावा किया है, जिनमें से कि 60,000 उसे वापस मिल गईं। लगभग 259 महिलाओं ने स्वेच्छा से यह बताया कि उनके साथ दुष्कर्म किया गया। मनोवैज्ञानिक ने बताया कि उसने उनमें से 140 महिलाओं का साक्षात्कार लिया है। इतने सही आँकड़े पूर्वी लीबिया के अराजक क्षेत्र से इकट्ठा किए गए हैं। यह अविश्वसनीय लगता है, लेकिन उसकी कहानी लगातार दोहराई जाती रही, जिसने गद्दाफी के परित्यक्त रूप में बदलने में बड़ी भूमिका निभाई। कुछ ही सप्ताहों के बाद आई एम्नेस्टी इंटरनेशनल, ह्यूमन राइट्स वॉच और

यू.एन. कमीशन की खबरों की व्यापक रूप से अनदेखी कर दी गई, जिसमें यह बताया गया था कि इस कहानी का कोई प्रमाण नहीं है और यह एक सफल प्रचार हथकंडे से ज्यादा और कुछ प्रतीत नहीं होता है। एक अन्य अवसर पर विद्रोहियों ने आठ सरकारी सैनिकों के शव दिखाए। उन लोगों ने दावा किया कि विपक्ष पर आघात करने के लिए उन सैनिकों की हत्या उनके ही लोगों द्वारा की गई थी। बाद में एम्नेस्टी इंटरनेशनल के हाथ एक ऐसा वीडियो लगा, जिसमें उन आठों व्यक्तियों को विद्रोहियों द्वारा पकड़े जाने के बाद जीवित दिखाया गया था। स्पष्ट है कि इसके शीघ्र बाद ही वे मार दिए गए और उनकी हत्या का दोष गद्दाफी समर्थक बलों पर मढ़ दिया गया।

एक दहशत भरी कहानी के लिए आवश्यक सामग्री यह है कि यह पूर्णतः हतप्रभ कर देनेवाली है और इसे शीघ्र नकारा न जा सके। सन् 1990 में व्यापक रूप से ऐसी खबर आई थी कि कुवैत में आक्रमणकारी इराकी सेनाओं ने अस्पताल में शिशुओं को उनके इन्क्यूबेटर से पलट दिया और उन्हें जमीन पर मरने के लिए छोड़ दिया था। उस समय तो यह कहानी बड़ी ही प्रभावशाली लगी। इस कहानी को तभी अविश्वसनीय माना गया, जब इसे प्रत्यक्ष रूप से देखने का दावा करनेवाली वाशिंगटन में कुवैत के राजदूत की बेटी निकली। उस समय वह अस्पताल में नहीं थी। हो सकता है कि संवाददाताओं को शंका हो रही हो, लेकिन ऐसी कहानियों का शायद ही सीधे खंडन कर सकते हैं। वे यह अच्छी तरह जानते हैं कि समाचार संपादक कोई ऐसी मसालेदार कहानी पसंद नहीं करते, जो कि बहुत संभव है कि उनके प्रतिस्पर्धी द्वारा भी दिखाई जाएगी, जो शायद गलत भी हो। 'युद्ध के कुहासे' पर दोष मढ़ना आसान है और यह भी सच है कि लड़ाई में भ्रामक और तेजी से घूमनेवाली घटनाएँ भी होती हैं, जिसकी खबर का पता नहीं लगाया जा सकता है। युद्ध के समय

हर किसी को अपनी उपलब्धियों और असफलताओं का गलत ढंग से प्रस्तुत करने का हमेशा ठोस उद्देश्य होता है और प्राय: उनके दावों का खंडन करना मुश्किल होता है। यह कोई नई बात नहीं है। "क्या कभी आपके साथ यह हुआ है, सर, युद्धभूमि झूठे लोगों के लिए कैसा अवसर देती है?" संघीय जनरल स्टोनवाल जैकसन ने एक बार अपने एक साथी के बारे में यह टिप्पणी की।

जब लोग एक-दूसरे को मार रहे हों तो यह जानने के लिए कि क्या हो रहा है, निस्संदेह बहुत देर तक बाहर रहना बहुत ही खतरनाक होता है। सीरिया में जून 2014 में होम्स के गवर्नर ने इंटरव्यू देते हुए अनपेक्षित रूप से यह दावा किया कि सीरिया की सेना ने पूर्व में विपक्ष के कब्जे में लेबनान की सीमा से लगते ताल कलख नामक शहर पर कब्जा कर लिया है। विपक्ष यह बता रहा था कि घमासान लड़ाई चल रही थी और अल-जज़ीरा ने बताया कि शहर से धुआँ उठ रहा था। तल-कलख पूरी तरह से सरकार के नियंत्रण में था। शहर का कुछ हिस्सा गोलीबारी में बुरी तरह नष्ट हो चुका था और सड़कें वीरान थीं। यद्यपि सरकार के प्रति सहानुभूति रखनेवाले एक व्यक्ति का दावा था कि इसका कारण यह था कि लोग दोपहर में भोजन के बाद आराम कर रहे हैं।

दमिश्क स्थित ईसाई जिले बाब टॉमा में विद्रोहियों के कब्जे में जिलों से मोर्टार बम दागे जा रहे थे। कुछ ही दूरी पर एक आत्मघाती बम हमले में चार लोग मारे गए, जहाँ एक शव को सफेद चादर में ढककर रखा गया था। सड़क के दूसरी ओर एक बड़ा गड्ढा था, जो लग रहा था कि बम फटने से वहाँ बन गया था। सीरिया के सरकारी टेलीविजन द्वारा लगातार यह दावा किया जा रहा था कि वह मृत व्यक्ति आत्मघाती बमवर्षक था, जो एक ईसाई चर्च को अपना निशाना बनाना चाहता था। उन्होंने उस व्यक्ति का नाम तक नहीं बताया। सड़क पर

लगे सी.सी.टी.वी. कैमरे में लिये गए चित्र में दिखाया गया है कि एक गिरता हुआ बम किसी राहगीर की सफेद कमीज से कुछ क्षण के लिए लगता हुआ चला गया। उसी क्षण वह व्यक्ति मर गया और उसकी गलती से बमवर्षक के रूप में पहचान की गई। बाद में सीरिया के टेलीविजन द्वारा इस गलती के लिए क्षमायाचना भी की गई।

इन सभी मामलों में राजनीतिक पक्षपात और मामूली गलती ने मिलकर घटना को गुमराह करनेवाला संस्करण सामने आया; लेकिन इसका 'युद्ध के कुहासे' से कुछ लेना-देना नहीं है। वास्तव में इससे यह बात सिद्ध होता है कि प्रत्यक्ष रूप से घटना का विवरण देने का कोई विकल्प नहीं है। पत्रकार तो शायद ही कभी पूरी तरह से स्वयं इस बात को स्वीकार करते हैं कि वे किस हद तक द्वितीय या आत्मरुचि के स्रोतों पर निर्भर करते हैं। समस्या तब और भी जटिल हो जाती है, जब समाचार योग्य घटनाओं के बारे में खबर देनेवाले लोग प्राय: इस बात के लिए विश्वस्त रहते हैं कि जितना वे करते हैं, उससे ज्यादा वे जानते हैं। बगदाद में आत्मघाती बम हमले में जीवित बचे लोग मिनटों में बमवर्षक के विस्फोटकों को उड़ाने के कुछ ही क्षण पहले की भाव-भंगिमाओं, अभिव्यक्तियों आदि का विस्तृत विवरण देते हैं और वे यह भूल जाते हैं कि यदि वे इतने पास होते तो भी मर गए होते। सबसे अच्छे प्रत्यक्षदर्शी वे छोटे-छोटे लड़के होते हैं, जो सिगरेट बेचते रहते हैं और हमेशा अपने ग्राहकों की तलाश में लगे रहते हैं।

वास्तव में युद्ध शांति से ज्यादा धुंध भरा नहीं है; कभी-कभी तो कम ही है। गंभीर घटनाओं को छुपाना मुश्किल होता है, क्योंकि उससे हजारों लोग प्रभावित होते हैं और एक बार जब युद्ध शुरू हो गया तो अधिकारियों के लिए परिश्रमी पत्रकारों और उनकी गतिविधियों पर नजर रखना मुश्किल हो जाता है। इस रहस्य को बनाए रखना कि किसके नियंत्रण

में कौन से क्षेत्र हैं तथा कौन जीत रहा है और कौन हार रहा है, बहुत मुश्किल हो जाता है। सूचना देनेवाले आसानी से मिल जाते हैं। संकट के समय में, चाहे वह बेलफास्ट, बसरा या दमिश्क हो, लोग पड़ोस के संभावित खतरे के प्रति सजग हो जाते हैं। यह एक नया चेहरा भी हो सकता है या फौज की एक इकाई का आना भी। सरकार या फौज रहस्य पर परदा डाले रखने की कोशिश कर सकती है और इसके लिए वे पत्रकारों को वहाँ आने से रोक सकते हैं; लेकिन उन्हें इसकी कीमत चुकानी पड़ती है, समाचार शून्यता की स्थिति होने पर शत्रुओं द्वारा सूचना की आपूर्ति कर दी जाती है। सीरिया की सरकार ने विदेशी पत्रकारों को वीजा देने से मना करके खुद को राजनीतिक हानि की स्थिति में डाला—एक ऐसी नीति, जिसे अभी हाल ही में बदलना शुरू कर दिया है।

जब सन् 2003 के बाद इराक में खतरा बढ़ गया, एक ऐसी अफवाह फैली कि विदेशी पत्रकार वास्तव में प्रत्यक्षदर्शी नहीं हैं, क्योंकि उनकी स्थिति 'होटल पत्रकारिता' तक सीमित हो गई है। वे कभी भी किले जैसे होटलों से बाहर नहीं निकलते हैं। यह कभी भी सच नहीं था, ये होटल लगातार आत्मघाती बमवर्षकों के निशाने पर रहे थे। जो पत्रकार होटल से निकलने से डरते थे, उन्होंने पहले कदम के रूप में बगदाद न जाने का निर्णय लिया, ऐसा भी नहीं था। पत्रकार, जिनके मारे जाने या अपहृत होने का खतरा अधिक होता था, वे अनुभवहीन पत्रकार थे, जो खतरे लेकर नाम कमाना चाहते थे। लेकिन जो युद्ध संवाददाता मारे गए, जैसे कि सन् 1989 में डेविड ब्लंडी अल साल्वाडोर में और सन् 2012 में सीरिया में मैरी कॉल्विन, बहुत अनुभवी थे। उनकी एकमात्र गलती थी, खतरनाक जगहों पर बार-बार जाना। इस बात की बहुत संभावना थी कि एक-न-एक दिन वे बम या गोली से मारे जाएँगे।

युद्ध में गुरिल्ला लड़ाई और बिना किसी स्पष्ट सीमा के की गई

व्यापक सैन्य गोलाबारी विशेष रूप से खतरनाक है। सन् 2004 में कुफा के बाहर फरात (तब शिया लड़ाके,) दिन के आरंभिक समय में अमरीकी नौसैनिकों के साथ लड़ाई में बौखला गए थे। स्थानीय साफा पहनकर जासूस का वेश धारण कर संभवत: उनकी नजरों से बचा जा सकता है। इस प्रकार की तरकीब सफल भी हो सकती है और नहीं भी। ऐसा कुफा और बगदाद के मध्य सड़क पर स्थित सुन्नी बहुल गाँवों में जाने के लिए किया जाता है।

यह मत बिलकुल बेतुका है कि विदेशी पत्रकार दमिश्क, बगदाद या काबुल के होटलों में छुपकर बैठे रहते हैं। एक आरोप यह भी है कि वे युद्ध की बमबारी, लड़ाई और गोलाबारी के बारे में इतना लिखते हैं कि उस विशाल परिदृश्य की अनदेखी कर देते हैं, जो परिणाम को प्रभावित कर सकता है। एक पत्रकार के अनुसार, इस प्रकार की पत्रकारिता को 'विस्फोट (बैंग-बैंग) पत्रकारिता' की संज्ञा देना तर्कसंगत प्रतीत नहीं होगा। उसने यह बताया कि उसका कोई भी संवाददाता सीरिया में लड़ाई की प्रत्यक्ष रिपोर्ट क्यों नहीं दे रहा है। लेकिन 'विस्फोट' का महत्त्व है—हो सकता है, राजनीति के बिना युद्ध को समझ पाना संभव न हो, लेकिन राजनीति को युद्ध के बिना नहीं समझा जा सकता है। इराक पर कब्जे के आरंभिक दिनों में अमरीकी सैनिक के मारे जाने और एक अन्य के घायल होने के बाद बगदाद में अल-दोहरा ऊर्जा केंद्र बन गया। बढ़ते गुरिल्ला युद्ध की यह छोटी सी घटना थी, लेकिन रास्ते पर इन सैनिकों के सूखे खून के आस-पास खड़े स्थानीय लोगों द्वारा इसकी स्वीकृति महत्त्वपूर्ण थी। "हम बहुत गरीब हैं, लेकिन हम इसका जश्न मुरगा पकाकर करेंगे।" एक आदमी ने कहा, "ईश्वर ने चाहा तो ऐसी और भी बहुत घटनाएँ होंगी।"

अमरीकी और ब्रिटिश सैनिकों की मौजूदगी का अर्थ था कि पत्रकारों के भी वही अनुभव होंगे, जो सैनिकों के और उनमें से कइयों के थे। यह

बहुत कठिन है कि उन लोगों के साथ आपके संबंध न हों, जो आपकी सुरक्षा के लिए महत्त्वपूर्ण हैं और जो सामान्य खतरे में भी आपके साझेदार हैं। सेना कुछ हिस्से में घेराबंदी प्रणाली को वरीयता देती है, क्योंकि इससे वे सहानुभूति रखनेवाले पत्रकारों का पक्ष ले सकते हैं और ज्यादा आलोचक पत्रकारों को बाहर रख सकते हैं। पत्रकारों के लिए अंतर्ज्ञान-विरोधी तरीके से कभी-कभी इसका आशय होता है युद्ध के महत्त्वपूर्ण भागों को खो देना, क्योंकि कोई अनुभवी गुरिल्ला प्रमुखत: स्वाभाविक रूप से उन्हीं जगहों पर आक्रमण करेगा, जहाँ शत्रु कमजोर हैं या अनुपस्थित हैं। सेना में अंत:स्थापित कोई भी व्यक्ति गलत समय में गलत जगह पहुँच जाता है। सन् 2004 में जब अमरीकी नौसैनिकों ने फालुजा शहर को उड़ा दिया, जिसमें अनेक विद्रोही मारे गए, उनके साथ बगदाद की मीडिया के अनेक सिपाही भी गए। यह एक सुप्रचारित और महत्त्वपूर्ण विजय थी। लेकिन विद्रोहियों द्वारा किया गया प्रतिरोधी प्रहार, इराक के उत्तर में बड़े शहर मोसुल पर कब्जा, जहाँ से कि अमरीकी फौजी चले गए, की उस समय की मीडिया द्वारा प्रमुख रूप से उपेक्षा कर दी गई थी। जब दूसरी बार सन् 2014 में मोसुल का पतन हुआ तो कुछ आलोचकों ने तो यहाँ तक टिप्पणी की कि शहर पर विद्रोहियों का कब्जा तो दस साल पहले ही हो चुका था या इसके निहितार्थ की समीक्षा की, जो यह था कि बगदाद का इसके दूसरे शहर पर नियंत्रण हमेशा से ही कमजोर रहा था। जो शहरी सुन्नियों का एक मजबूत गढ़ था।

युद्ध में सबसे घातक बदलाव मीडिया में उछाल के माध्यम से देखा जा सकता है, जो कि कुछ वर्ष पहले तक पूर्ण रूप से एक सकारात्मक घटना मानी जाती थी। उपग्रह टेलीविजन, ब्लॉगर, सोशल मीडिया और यू-ट्यूब द्वारा दी जानेवाली सूचना को अरब स्प्रिंग के आरंभ में आजाद होने के साधनों के रूप में बताया गया। ट्यूनीशिया से लेकर मिस्र और

बहरीन तक पुलिस राज्य द्वारा थोपा गया सूचना का एकाधिकार समाप्त हो गया है। लेकिन जैसा कि सीरिया में घटनाओं के क्रम से पता चलता है, इंटरनेट और टेलीविजन का प्रयोग घृणा व प्रचार के लिए भी किया जा सकता है।

'आधा जेहाद तो मीडिया ही है।' जेहादियों की वेबसाइट पर दिया गया एक नारा है, जो व्यापक अर्थों में पूरी तरह से सही है। कट्टरपंथी सुन्नी जेहादियों के कार्य, उद्देश्य और विचार प्रतिदिन उपग्रह टेलीविजन, यू-ट्यूब, ट्वीटर और फेसबुक के माध्यम से प्रसारित किए जाते हैं। जब तक प्रचार के शक्तिशाली माध्यम उपलब्ध रहेंगे, अल कायदा जैसे समूह को धन या सेवकों की कमी नहीं होगी।

जेहादियों द्वारा सबसे ज्यादा जिस चीज का प्रचार किया जाता है, वह है शियाओं के विरुद्ध और कभी-कभी ईसाइयों, सूफियों-यहूदियों के विरुद्ध घृणा का प्रचार। सीरिया, इराक, यमन और जहाँ कभी भी पवित्र युद्ध हो रहा है, वहाँ जेहाद के समर्थन की माँग की जाती है। हाल ही में एक पोस्टिंग में एक आत्मघाती बमवर्षक को दिखाया गया, जिसमें उसे सिनाई में मिस्र के थाने पर हमला करने के कारण 'शहीद' के रूप में दिखाया गया है।

इस तरह की ऑनलाइन पोस्टिंग के चुनाव पर नजर डालने से यह महत्त्वपूर्ण बात का पता चलता है कि वहाँ सिर्फ हिंसा और संप्रदायवाद ही नहीं है, बल्कि वह पेशेवर कौशल है, जिसके साथ उन्हें बनाया जाता है। जेहादियों द्वारा भले ही इसलाम के मूल सिद्धांतों को अपनाने की इच्छा हो, लेकिन आधुनिक संचार माध्यमों और इंटरनेट के प्रयोग में उनका कौशल विश्व के अधिकांश राजनीतिक आंदोलन से कहीं आगे है। वे जो कुछ भी करते हैं, उसका दृश्य वृत्तांत बनाकर ISIS ने अपने राजनीतिक प्रभाव को काफी बढ़ा लिया है। इसके आतंकवादियों का सोशल मीडिया

पर दबदबा है और जब वे अपने शत्रुओं को पहचानते हैं और उन्हें मारते हैं तो वे एक अच्छी तरह बनी आतंकित करनेवाली फिल्म के द्वारा अपने लड़ाकुओं के संकल्प पर बल देते हैं।

इराक की सरकार के मीडिया के प्रति दृष्टिकोण में मौलिक रूप से अंतर है। उसके द्वारा ISIS की सफलताओं को कम करके दिखाया जाता है, ताकि उनका मनोबल बना रहे, साथ ही मीडिया द्वारा देशभक्ति पर जोर दिया जाता है और इस बात पर भी जोर दिया जाता है कि बगदाद का कभी भी पतन नहीं हो सकता है। इस तरह के अकुशल प्रचार से दर्शकों को बार-बार सऊदी अरब के स्वामित्ववाली और दुबई आधारित अल-अरबिया या अन्य चैनलों को देखने के लिए प्रेरित होना पड़ता है, जो पूरे देश में घट रही घटनाओं की तसवीरें दिखाते हैं, जिससे ISIS के प्रचार को फायदा मिलता है।

आतंकवादियों द्वारा फिल्में बनाने की तकनीकी विशेषज्ञता के विपरीत उसका सार अनगढ़ तरीके से सांप्रदायिक और हिंसा ही होती है। उदाहरण के लिए, इराक के तीन चित्रों को लेते हैं। पहले चित्र में दो लोगों को वरदी में दिखाया गया है, जिनके दोनों हाथ पीछे बँधे हुए हैं, जो सीमेंट सी लगनेवाली सतह पर मृत पड़े हैं। उनके सिरों से खून बह रहा है, मानो उन्हें गोली मारी गई है या गला काटा गया है। चित्र का शीर्षक है—'शिया के पास कोई दवाई नहीं है, बस तलवार है।'

दूसरे चित्र में दो शवों की बगल में दो सशस्त्र व्यक्तियों को दिखाया गया है। शीर्षक द्वारा उनकी पहचान इराक के सलाह अद-दीन प्रांत के अल कायदा विरोधी सुन्नी जागृति आंदोलन के सदस्य के रूप में की गई है। तीसरे चित्र में इराकी सैनिकों के एक समूह को पल्टन का झंडा लिये दिखाया गया है; लेकिन सुन्नियों के लिए आपत्तिजनक बनाने के लिए इसके शब्दों को बदल दिया गया है —'उमर और अबूबकर पर अल्लाह

की लानत।' (दो सुन्नी नेता)।

इंटरनेट पर दी जानेवाली इस प्रकार की पोस्टिंग में कभी-कभी धन की माँग की जाती है। इन्हें सुन्नी धार्मिक नेताओं और राजनेताओं द्वारा जेहादी लड़ाकों को वित्तीय मदद देने के लिए जारी किया जाता है। इस तरह की एक अपील में अपील करनेवाले समूह द्वारा यह दावा किया गया था कि उसके 12,000 लड़ाकों में प्रत्येक सदस्य को 2,500 डॉलर (1,500 पाउंड) मिले थे, जिसे उसने अपने लड़ाकों के साथ सीरिया भेजा था। एक अन्य चित्र में सात अलमारियाँ दिखाई गई थीं, मानो वे खुदरा दुकानों में रखी हों। निकट से देखने पर पता चला कि उनमें से प्रत्येक में अलग-अलग तरह के हथगोले प्रदर्शित किए गए थे। इसी चित्र के नीचे का शीर्षक था—'शियाओं के लिए अनबर के मुजाहिदीनों की फार्मेसी'। ISIS के चित्र भी सामने आए हैं, जिनमें कैदियों को मुँह छुपाए हथियारबंद लोगों द्वारा समतल सतहवाले ट्रक पर चढ़ाते हुए दिखाया गया और बाद में उन्हें पीछे पीठ पर उनके हाथों को बाँधकर मुँह नीचे करके छिछले गड्ढे में लेट जाने को विवश किया गया।

अंतिम चित्र में कैद सैनिकों, जो संभवत: शिया थे, के रक्तरंजित शरीर दिखाए गए, जो इराकी सेना के सामान्य सैनिक थे। चित्र के शीर्षक से यह संकेत दिया गया था कि ISIS कमांडर अब्दुल रहमान अल-बेलादी की मौत के प्रतिशोध में ये हत्याएँ की गई थीं, जिनकी हत्या की खबर ISIS के उत्तरी इराक में किए गए अचानक हमले के ठीक पहले आई थी। इस हमले में मोसुल और टिकरित के सुन्नी गढ़ों पर मध्य जून 2014 में कब्जा कर लिया गया था।

जेहादियों द्वारा सिर्फ ट्वीटर और फेसबुक का ही प्रयोग नहीं किया जाता है। मिस्र में स्थित दो टेलीविजन केंद्रों (लेकिन कथित रूप से कुवैत और सऊदी अरब की वित्तीय सहायता पर)—साफा और वेसाल में उन्हीं

पत्रकारों और टिप्पणीकारों की नियुक्ति की जाती है, जो शियाओं के मुखर विरोधी होते हैं। वेसाल के टी.वी. प्रसारण पाँच भाषाओं में किए जाते हैं—अरबी, फारसी, कुर्दिश, इंडोनेशियाई और हौसा। इराकी सरकार की प्रतिक्रिया 'शत्रुओं के टेलीविजन केंद्रों' के साथ फेसबुक, यू-ट्यूब, ट्वीटर और अन्य इंटरनेट सेवाओं को बंद कर दिया जाए, यद्यपि इराकी सरकारी सेंसरशिप द्वारा इसका शीघ्र समाधान ढूँढ़ सकते हैं। ISIS के अनुयायी लगातार ट्वीटर पर अपने शत्रुओं के चित्र डालते रहते हैं; लेकिन वे इस माध्यम का उपयोग अस्पतालों की कार्य-प्रणाली और सलाहकारी प्रशासनिक प्रक्रियाओं को दिखाने के लिए भी करते हैं।

उसी तरह नफरत फैलानेवाले लोग यू-ट्यूब के माध्यम से बड़ी संख्या में अपने अनुयायियों को उकसा सकते हैं। मिस्र में एक लोकप्रिय ब्लॉगर शेख महमूद अल-जुगबी ने मिस्र की 'आपराधिक गद्दारों और आपराधिक शियाओं' के साथ ही यहूदियों व जेहादियों से रक्षा करने का आह्वान किया। एक अन्य धर्मोपदेश का शीर्षक था—'ओह सीरिया, विजय मिलनेवाली है' में बताया गया है कि राष्ट्रपति असद 'इन ईरानियों, शियाओं, गद्दारों और शिया अपराधियों' से मदद की गुहार लगा रहे हैं।

छोटे उन्मादी समूह को संबोधित कर इस तरह की डींगे खारिज की जा सकती हैं, लेकिन इन्हें देखनेवाले दर्शकों की संख्या इसे बहुत ही लोकप्रिय बताती है। सीरियाई विद्रोहियों का पर्यवेक्षण करनेवालों ने यह नोट किया है कि सीरिया में लोग अपना कितना समय इंटरनेट पर बिताते हैं और वे उनकी नजर में इस टकराव में जहाँ कहीं कुछ भी हो रहा है, उसके जरिए उसे फॉलो कर रहे हैं। उपग्रह टेलीविजन और जेहादियों की वेबसाइटों के अन्य प्रमाण इराक में कैदियों से मिलते हैं। अन्य कैदियों की तरह ही वे भी यह कहने को प्रवृत्त थे कि उनको बंदी बनाने वाले भेंटवार्त्ता में दिए गए उनके वृत्तांत को इराक के टेलीविजन पर सुनना

चाहते हैं, सच लगता है। सीरिया में विदेशी जेहादियों को भेजनेवाला तीसरा सबसे बड़ा आपूर्तिकर्ता ट्यूनीशिया का वलीद बिन मोहम्मद अल-हादी अल मसौदी ने एक ऐसे ही प्रोग्राम में लड़ने के लिए इराक आने के अपने फैसले के बारे में बताया कि वह अत्यंत गहरे रूप से अल-जजीरा टी.वी. चैनल से प्रभावित है। सऊदी अरब, यमन और जॉर्डन से आनेवाले अन्य तेरह जेहादियों के साथ उसे फालुजा आने में कोई परेशानी नहीं हुई। एक अन्य साक्षात्कार में एक भूतपूर्व सैन्य अधिकारी अब्दुल्लाह आजम सलीह अल-काहतानी ने बताया कि अरब के मीडिया और जेहादियों की वेबसाइटों ने मुझे यहाँ आने के लिए प्रेरित किया।

सारी दुनिया में टेलीविजन और कंप्यूटरों के परदे पर उभरनेवाले चित्र कथित रूप से गलत हैं, जो उनके घटित होने के कुछ ही घंटों के भीतर लिये जाते हैं। इराक में ISIS की सफलताओं को कभी-कभी उन वीडियो क्लिपों के साथ गढ़ दिया जाता है, जिनका प्रयोग प्रचार करने के लिए सीरिया और लीबिया में किया गया था या उन्हें पूर्ण रूप में मध्य-पूर्व से बाहर ही लिया गया हो। अभी हाल ही में दक्षिण-पूर्वी तुर्की के एक संवाददाता ने सीरिया के शरणार्थी कैंप का दौरा किया तो उसने देखा कि वहाँ दस साल के बच्चे यू-ट्यूब पर एक वीडियो क्लिप देख रहे थे, जिसमें एक आरी से दो लोगों की हत्या करते हुए दिखाया गया था। टिप्पणी में यह बताया गया था कि वे सीरिया के सुन्नी थे और हत्यारे अलावाइट थे। वस्तुत: यह फिल्म मेक्सिको की थी और अपने प्रतिद्वंद्वी को धमकाने के लिए ये हत्याएँ ड्रग सरगना द्वारा की गई थीं।

इस तरह के अत्याचार की झूठी कहानियों का युद्ध पर प्रभाव पड़ता है। लीबिया के एक लड़ाके, का यह विश्वास है कि सरकार के वे सैनिक जिनसे वह लड़ रहा है, उन्हें उसकी पत्नी और बेटियों के साथ दुष्कर्म करने का आदेश ऊपर से मिला है। वह अधिक लोगों को कैदी नहीं

बनाएगा। लेकिन हत्या और प्रताड़ना के चित्र अधिकांशतः सच होते हैं। उनके तेजी से फैल जाने से इस बात का खुलासा होता है कि सीरिया में लड़ाई कितनी उग्र है और युद्धरत पक्षों की इस गृहयुद्ध को समाप्त करने के लिए होनेवाली बातचीत में आनेवाली कठिनाइयों का पता चलता है।

क्रांति विरोध और विदेशी हस्तक्षेप का एक अजीब मिश्रण अरब स्प्रिंग क्रांति है। अंतरराष्ट्रीय मीडिया घटित हो रही घटनाओं को लेकर बहुत ज्यादा भ्रमित था। सन् 2011 में क्रांतिकारियों को बहुत असफलताएँ मिलीं; लेकिन मीडिया को प्रभावित करने और उसे तोड़ने-मरोड़ने में उन्हें महारत हासिल है। काहिरा में तहरीर स्क्वायर और बाद में कीव के मैदान वे स्थल बन गए, जहाँ अच्छाई की शक्ति का बुराइयों के विरुद्ध सनसनीखेज नाटक का मंचन टेलीविजन कैमरों के सामने किया गया। अच्छे संवाददाता फिर भी बहुत खतरा उठाते हैं और यह समझाने की कोशिश में रहते हैं कि इस सरल चित्र की तुलना वहाँ जो कुछ हो रहा है, उससे कहीं ज्यादा है; कभी-कभी उन्हें अपनी जान तक गँवानी पड़ती है। लेकिन मीडिया द्वारा दी गई सबसे खराब खबर, विशेष रूप से विद्रोह के प्रथम दो वर्षों में सचमुच बहुत ही बुरी थी। एक संवाददाता ने तीखेपन के साथ यह टिप्पणी की कि बेरुत से सीरिया में सन् 2011 के बाद की घटनाओं के वर्णन करने की कोशिश में उसे विद्रोहियों के स्रोतों पर निर्भर करना पड़ रहा था, वह ऐसा था, ''यह अमरीका में राष्ट्रपति चुनाव की कनाडा में खबर देना और इसके लिए रिपब्लिकन पार्टी के टी पार्टी धड़े के सदस्यों द्वारा दी गई सूचनाओं पर निर्भर करने जैसा है।''

जैसा कि अपेक्षित था, यह खबर इतनी पक्षपातपूर्ण और अविश्वसनीय थी कि घटनाओं का सही क्रम अनपेक्षित घटनाओं और अप्रिय आश्चर्यों से भरा हुआ साबित हुआ। इसके जारी रहने की संभावना है।

□

9

युद्ध और आघात

सन् 2013 के उत्तरार्ध में जेहादियों द्वारा सीरिया के सशस्त्र विरोध पर नियंत्रण के बारे में चर्चा की गई है। जब इस बात के पर्याप्त प्रमाण थे कि ISIS, जिसे पूर्व में इराक में अल कायदा के नाम से जाना जाता था, की शक्ति में लगातार वृद्धि होती जा रही थी। मेरे अखबार 'इंडिपेंडेंट' द्वारा मध्य-पूर्व के लिए 'मैन ऑफ द ईयर' के नामांकन के लिए कहा गया, और मैंने अल-बगदादी का नाम चुना, जो सन् 2010 में ISIS का नेता बन गया था। कुछ ही दिनों बाद 3 जनवरी, 2014 को ISIS फालुजा में घुस गया और सरकार उसे पुन: अपने नियंत्रण में लेने में असमर्थ रही। यह इतना खतरनाक नहीं था जितना कि यह हो सकता था, क्योंकि इराक के प्रधानमंत्री अनबर प्रांत में विद्रोह का प्रतिरोध करनेवाले सुन्नियों द्वारा घातक हमले होने पर जोर दे रहे थे, ताकि 30 अप्रैल को होनेवाले संसदीय चुनाव में 'मि. सिक्यूरटी' के रूप में शिया बहुसंख्यकों को उनके पक्ष में मत देने के लिए डराया जा सके और सरकार द्वारा किए गए भ्रष्टाचार व सेवाओं में कमी की अनदेखी की जाए। इस शहर को पुन: नियंत्रण में लेने में विफल होना एक सोची-समझी चुनावी रणनीति थी और इस पर आक्रमण चुनाव के बाद होना था।

लेकिन तब जानकार इराकियों ने मुझे बताया कि फालुजा पर पुनः नियंत्रण न हो पाने तथा अनबर तथा उत्तरी इराक में अन्यत्र ISIS को दबाने में नाकामी का अर्थ यह नहीं था कि इस दिशा में प्रयास नहीं किया गया था। इराकी सेना के पंद्रह डिवीजनों में से पाँच अनबर में तैनात थीं और उन्हें बहुत नुकसान हुआ था। सैनिकों को ए.के. 47 राइफलों के सिर्फ चार क्लिपों के साथ मोरचे पर भेजा गया था; उन्हें भूखे रहना पड़ता था, क्योंकि भोजन पर खर्च किए जानेवाले पैसों का उनके कमांडरों द्वारा गबन कर लिया जाता था। तेल समृद्ध इराक में सेना की गाड़ियों में तेल की कमी थी। कुछ बटालियनों में सैनिकों की क्षमता उनकी स्थापित क्षमता का एक-चौथाई मात्र ही रह गई थी। ''सेना अनबर में बहुत ही बुरी तरह से परास्त हुई थी।'' एक इराकी मंत्री ने किसी समय अप्रैल में मुझे बताया था।

जब इन चेतावनियों के बावजूद मुझे एक महीने या उससे थोड़े समय बाद यह सुनकर धक्का लगा कि 10 जून को लगभग बिना किसी लड़ाई के मोसुल का पतन हो गया। अभी तक इराकी फौज के वित्तीय धोखाधड़ी की जितनी भी अपमानजनक कहानियाँ सुनी थीं, जिनमें कमांडरों द्वारा रिश्वत और घपले से और ज्यादा समृद्ध होने के लिए पद खरीदे जाने की बातें की जाती थीं, वे सब सही साबित हुईं। सामान्य सैनिक हो सकता है कि मोसुल से भाग गए होंगे, लेकिन उतनी तेजी से नहीं, जितना कि उनके जनरल भागे थे, जिन्हें बाद में सिविल पोशाकों में कुर्दिश की राजधानी इरबिल में देखा गया। पिछले साल ही यह स्पष्ट हो गया था कि ISIS सैन्य कुशलता और आदर्शवादी कट्टरपन के डरावने मिश्रण पर काम कर रही थी। उत्तरी व पश्चिमी इराक पर नियंत्रण अत्यंत दक्षता के साथ नियोजित किया गया था, जिसमें कमजोर निशानों को चुनना और पूरी तरह से सुरक्षित स्थानों को छोड़ना शामिल था, या आई.एस. आई.एस.

के शब्दों में, ''चट्टानों पर साँप की तरह रेंगना था।''

यह स्पष्ट हो गया था कि पश्चिमी सरकारों ने इराक और सीरिया की स्थिति को भाँपने में गलती की। दो साल तक इराकी राजनीतिज्ञ हर किसी को यह चेतावनी देते रहे थे कि यदि सीरिया का गृहयुद्ध जारी रहता है तो इससे इराक की स्थिति अस्थिर हो जाएगी। जब मोसुल का पतन हुआ तो सभी ने इसके लिए मलिकी को जिम्मेदार ठहराया, जिस पर निश्चित रूप से इसकी जवाबदेही आती है; लेकिन इराक की पराजय का वास्तविक कारण इराक की सीमा के भीतर चल रहा युद्ध था। सीरियाई सुन्नी विद्रोह के कारण भी ईराक में समान विस्फोटक स्थिति बन गई थी। मलिकी ने सुन्नी बाहुल्य प्रांतों को विजित देश के रूप में लिया, लेकिन ईराकी सुन्नी सीरिया के सुन्नियों की चेतावनी और प्रोत्साहन के बिना उठ नहीं पाते।

ISIS का उत्थान, इसके सामान्य सुन्नी विद्रोह के प्रति प्रतिरोधी सेना के रूप में इसके काम करने का परिणाम था और इसे अभी भी पलटा जा सकता था। लेकिन सन् 2014 की गरमियों में जिस तरह के आक्रमण का इसने नेतृत्व किया, उसने अमरीका के सन् 2003 के आक्रमण से अस्तित्व में आए नियंत्रित राज्य का संभवतः हमेशा के लिए अंत कर दिया।

मोसुल का पतन बाहरी विश्व को अचंभित करनेवाली मध्य-पूर्व में घटित होनेवाली अप्रिय और अनपेक्षित घटनाओं की शृंखला में एकमात्र नवीनतम घटना है। यह क्षेत्र विदेशी हस्तक्षेप के लिए हमेशा से ही कमजोर भूमि रहा है; लेकिन मध्य-पूर्व की स्थिति को भाँपने में पश्चिमी विफलता के अनेक कारण नवीनतम और आत्म-पीड़न या यंत्रणा हैं। सन् 2001 में 9/11 के आक्रमण के प्रतिक्रियास्वरूप गलत देशों को निशाना बनाया गया, जब इराक और अफगानिस्तान की शत्रु देश के रूप में पहचान की

गई थी, जहाँ सरकारों को उखाड़ फेंकने की जरूरत थी। तब तक ये दोनों देश अल कायदा का समर्थन करने और आक्रमण के पीछे के आदर्शों को सराहने में सबसे ज्यादा संलिप्त थे। सऊदी अरब और पाकिस्तान की मुख्यत: उपेक्षा कर दी गई और उन पर किसी तरह का संदेह नहीं किया गया। इन दोनों के अमरीका के साथ लंबे संबंध रहे हैं और 9/11 की घटना के बाद भी वे अप्रभावित रहे। अब भले ही सऊदी अरब सीरिया और विश्व में कहीं भी जेहादियों को दिए जा रहे समर्थन से अपना हाथ खींच रहा हो, क्योंकि उसके अपने ही राज्य में इसके विरोध में उभर रही प्रतिक्रियाओं से वह डर गया है। हो सकता है कि पाकिस्तान के प्रधानमंत्री नवाज शरीफ इस बात पर जोर दे रहे हों कि वे पाकिस्तान की सुरक्षा सेवा को अतिवादी तत्त्वों से मुक्त कराने के लिए अपनी हर संभव कोशिश कर रहे हों। लेकिन जब तक अमरीका और पश्चिम में उसके सहयोगियों को यह बात समझ में नहीं आती कि इसलामी उग्रवाद को प्रोत्साहित करने में इन देशों की प्रमुख भूमिका है, जेहादियों को अलग करने की लड़ाई में वास्तविक प्रगति तब तक नहीं हो सकती है।

ऐसा नहीं है कि सिर्फ सरकारों ने ही गलती की है। सुधारकों को और क्रांतिकारियों ने भी इसे सही तरह से नहीं समझा, जिन्होंने सन् 2011 के 'अरब स्प्रिंग' के विद्रोहों को इस क्षेत्र से पुराने सत्तावादी शासन के अंत को शंखनाद के रूप में लिया। बहुत ही संक्षिप्त समय के लिए संप्रदायवाद और तानाशाह बिखरता हुआ लगा। अरब जगत् धार्मिक घृणा से मुक्त साहसपूर्ण ढंग से नए भविष्य के मुहाने पर खड़ा था, जहाँ राजनीतिक शत्रु अपने मतभेदों को लेकर लोकतांत्रिक चुनाव लड़ते थे। तीन साल बाद क्षेत्र में सफल क्रांति विरोध और बढ़ते सांप्रदायिक हिंसा के सामने लोकतांत्रिक आंदोलन के पीछे हटते ही यह उत्साह भी कमजोर पड़ता लग रहा था। यह बात विश्लेषण के योग्य है कि पुलिस राज्य और

ISIS जैसे जेहादी आंदोलनों का विकल्प मानी जाने वाली प्रगतिशील क्रांति इतने व्यापक रूप से क्यों विफल रही?

सन् 2011 के लोकप्रिय विद्रोह और क्रांतियाँ इतिहास की किसी भी अन्य क्रांतियों की तरह सही थीं; लेकिन जिस तरह से उन्हें देखा गया, विशेषकर पश्चिम में, वह प्राय: गंभीर रूप से उलटा-पुलटा था। क्रांतिकारी बदलाव की प्रकृति अप्रत्याशित है। यह स्वीकार करने योग्य है कि आनेवाले दिनों में यदि किसी नई क्रांति का मुझे आभास होता है तो उसी तरह मुखबरत सुरक्षा पुलिस के प्रमुख को भी ऐसा आभास होता होगा। इसे होने से रोकने के लिए वह हर संभव प्रयास करेगा। वास्तविक क्रांतियाँ तब होती हैं, जब विभिन्न लक्ष्यों पर केंद्रित घटनाएँ और लोग हुस्नी मुबारक या बशर अल-असद जैसे सामान्य शत्रु को निशाना बनाने के लिए अनपेक्षित और आश्चर्यजनक रूप से एक साथ आ जाते हैं। सन् 2011 के विद्रोह की राजनीतिक, सामाजिक और आर्थिक जड़ें बहुत ही जटिल हैं। उस समय हर किसी के सामने यह पूर्णत: स्पष्ट नहीं था। यह इस बात का आंशिक परिणाम था कि विदेशी टिप्पणीकारों ने नई सूचना तकनीक को अत्यंत बढ़ा-चढ़ाकर प्रस्तुत किया। प्रदर्शनकारी, जो अन्य किसी चीज में भले ही कुशल न हों, लेकिन प्रचार में बहुत कुशल थे, को विद्रोह को इस रूप में प्रस्तुत करने में लाभ नजर आया कि इससे किसी भी प्रकार का कोई खतरा नहीं है। जिन्होंने इसे 'वेलवेट क्रांति' के रूप में पेश किया। इसकी पृष्ठभूमि में प्रमुख रूप से अंग्रेजी बोलनेवाले सुशिक्षित ब्लॉगर और ट्वीट करनेवाले लोग थे। इसका उद्देश्य पश्चिम की जनता को यह संदेश देना था कि नए क्रांतिकारी सहज रूप से उनके ही समान हैं और सन् 2011 में मध्य-पूर्व में जो कुछ हो रहा था, वह वर्ष सन् के पूर्वी यूरोप के पश्चिमी समर्थक और कम्युनिस्ट विरोधी विद्रोह के ही समान था।

विपक्षियों की माँगें व्यक्तिगत स्वतंत्रता तक ही सीमित थीं। सामाजिक और आर्थिक असमानताओं से संबंधित शायद ही कभी कोई मुद्दा घोषित किया गया हो, ऐसा कभी नहीं हुआ, जब इसके कारण यथास्थिति बने रहने के विरोध में आम लोगों में क्रोध बढ़ रहा था। सीरिया विद्रोह से पूर्व दमिश्क के केंद्र में दुकानों और रेस्तराँ का कब्जा हो गया था; जबकि सीरिया की आम जनता की तनख्वाहें बढ़ती कीमतों के सामने जस की तस थीं।

किसान चार वर्षों के सूखे के कारण बरबाद हो गए थे। वे शहरों के बाहरी कस्बों में चले गए थे। संयुक्त राष्ट्र की रिपोर्ट के अनुसार, 20 से 30 लाख सीरियाई अत्यधिक गरीबी की दशा में जी रहे थे। छोटी-छोटी उत्पादक कंपनियाँ तुर्की और चीन से कम कीमत पर सामान के आयात के कारण व्यापार से बाहर होती जा रही थीं। आर्थिक उदारवाद, जिसकी विदेशी राजधानियों में बड़ी प्रशंसा हो रही थी, वह तेजी से राजनीतिक दृष्टि से सशक्त कुछ लोगों के हाथों में ही सिमटता जा रहा था। यहाँ तक कि मुखबरत और खुफिया पुलिस के सदस्य भी 200 डॉलर प्रतिमाह पर गुजारा करने का प्रयास कर रहे थे। एक अंतरराष्ट्रीय संकट समूह की खबर में इस बात का रेखांकित उल्लेख किया गया कि सीरिया के शासक वर्ग को सत्ता विरासत में मिली है, न कि उन्होंने इसे हासिल किया है।''' और शहरी धनाढ्य वर्ग के तौर-तरीकों की नकल की जा रही है। यही बात मिस्र, लीबिया और इराक में समानांतर तरीके से काम करनेवाले अर्द्ध-राजतंत्रीय परिवारों और उनसे जुड़े लोगों के साथ भी सत्य होती है। पुलिस-राज्य द्वारा मिलने वाली सुरक्षा के प्रति आश्वस्त होकर उन लोगों ने बाकी जनसंख्या, विशेषकर कम वेतन पर नियोजित, अति-शिक्षित और असंख्य युवकों की कठिनाइयों की अनदेखी कर दी, जिनमें से कुछ लोगों को यह लगा कि उन्हें अपना जीवन

सुधारने का अब कोई अवसर ही नहीं मिलेगा।

मध्य-पूर्व की नई सुधारवादी सरकारों के मन में, चाहे वह सन् 2005 का इराक हो या सन् 2011 का लीबिया, यह साधारण भ्रम था कि एक बार जब पुलिस राज्य के स्थान पर लोकतंत्र की स्थापना हो जाती है तो उनकी अधिकांश समस्याओं का समाधान हो जाएगा। देश में प्रताड़ित या निर्वासित होकर किसी तरह अपना अस्तित्व बनाए विपक्षी आंदोलनों को इस तरह की धारणा द्वारा आश्वस्त किया गया था कि विदेशी संरक्षकों को आश्वस्त करना आसान था। जो भी हो, चीजों को इस तरह देखने का नुकसान यह हुआ कि सद्दाम, असद और गद्दाफी का चरित्र-चित्रण इतना बुरा हो गया कि पुराने शासन से नए शासन में शांतिपूर्ण परिवर्तन के लिए किसी भी समझौते पर पहुँचना बहुत ही कठिन हो गया।

इराक में सन् 2003 में बॉथ पार्टी के पूर्व सदस्यों को पार्टी से निकाल दिया गया, जिससे जनसंख्या का बहुत बड़ा भाग आहत हुआ और उनके पास लड़ने के सिवाय और कोई भी विकल्प नहीं बचा। उस वार्त्ता में असद को महत्त्वपूर्ण भूमिका निभाने की अनुमति दी गई थी। इस पर सीरिया के विपक्षियों ने सन् 2014 में जेनेवा की शांति वार्त्ता में भाग लेने से मना कर दिया, यद्यपि सीरिया की अधिकांश जनसंख्या उन क्षेत्रों में रहती थी, जिनमें असद का नियंत्रण था। निष्कासन की इस नीति द्वारा अधिकांश रूप से विरोध कर रहे लड़कों को नौकरी की गारंटी देना था। लेकिन इससे जातीयता, सांप्रदायिकता एवं जनजातीय विभाजन और गहरा गया, जिसने गृहयुद्ध के लिए आवश्यक तत्त्व उपलब्ध कराए।

क्रांति के बाद अस्तित्व में आई वे क्या चीजें हैं, जो इन राज्यों को एक साथ बाँधे रख सकती हैं? पश्चिम में राष्ट्रीयता को उसके लिए अनुकूल नहीं माना जाता है, जहाँ भूमंडलीकरण और मानवतावादी हस्तक्षेप के समय इसे जातिवाद और सैन्यवाद के मुखौटे के रूप में देखा जाता है,

लेकिन सन् 2003 में इराक में हस्तक्षेप और सन् 2011 में लीबिया में हस्तक्षेप उन्नीसवीं शताब्दी के साम्राज्यवादी कब्जे की तरह ही था। विदेशी शक्तियों की सहायता से राष्ट्र-निर्माण की बेतुकी बात की जा रही थी, जिसके पीछे उनके मन में स्पष्ट रूप से अपना स्वार्थ था, ठीक वैसे ही जैसे कि ओटोमन साम्राज्य के निर्माण के समय में ब्रिटेन ने किया था और जिसका लॉयड जॉर्ज ने दिखावा किया था। उन अरब नेताओं, जिन्होंने 60 के दशक में सत्ता पर नियंत्रण प्राप्त किया था, ने इसे उचित ठहराने के लिए यह कहा था कि वे शक्तिशाली राज्यों को समर्थ बनाएँगे और अंततः यथार्थ में राष्ट्रीय स्वाधीनता मिलेगी। वे पूरी तरह से विफल भी नहीं रहे। सन् 1973 में तेल की कीमतें बढ़ाने में गद्दाफी ने महत्त्वपूर्ण भूमिका निभाई और बशर के पिता हाफिज अल-असद, जिन्होंने दो वर्ष पहले सीरिया की सत्ता पर कब्जा किया था, ने एक ऐसे राज्य का निर्माण किया, जो लेबनान में प्रभुत्व की लड़ाई में इजराइल के साथ निरंतर संघर्ष में स्वयं ही अपना अस्तित्व बनाए रख सके। इन सरकारों के विरोधियों तथा क्रूर तानाशाहों की प्रमुख कार्य-सूची थी, ये सत्ता पर अपनी पकड़ को उचित ठहराने के लिए चिंतित थे, उनके लिए राष्ट्रीयता प्रचार का हथकंडा मात्र थी। लेकिन बिना राष्ट्रीयता के वहाँ भी जहाँ राष्ट्र की एकता का कोई महत्त्व नहीं था, राज्यों के पास ऐसी कोई विचारधारा नहीं होती है, जिससे वे अपने धार्मिक संप्रदायों और जातीय समूहों के मुकाबले में अपनी निष्ठा को केंद्र में रख सकें।

अपनी यथा स्थिति में सुधार लाने की दृष्टि से नाकाम अरब देशों के बागियों तथा सुधारकों की आलोचना करना आसान है। क्यूबा की क्रांति या विएतनाम के स्वतंत्रता संघर्ष से तुलना करने पर उनकी कारवाइयाँ भ्रमित और निष्प्रभावी लगती हैं। लेकिन वह राजनीतिक भूक्षेत्र, जिस पर उन्हें पिछले बीस वर्षों से काम करना पड़ रहा था, वह विशेष रूप से

पेचीदा था। सन् 1991 में सोवियत संघ के विघटन का अर्थ था कि सत्ता पर सफल नियंत्रण के लिए सिर्फ-और-सिर्फ अमरीका का समर्थन या उसकी सहनशीलता ही निर्णायक थी। 1956 के स्वेज संकट के दौरान, मिस्र की स्वाधीनता के लिए वासर मॉस्को की ओर मुड़ गया, लेकिन जब सोवियत छोटे-छोटे राज्यों में बिखर गया, तब मॉस्को और वाशिंगटन के बीच मिस्र को तो कहीं स्थान नहीं मिल पा रहा था। सन् 1990 में सद्दाम ने बताया कि कुवैत पर उसके आक्रमण का एक प्रमुख कारण यह था कि भविष्य में इस तरह की कारवाई करना इराक के लिए संभव नहीं होगा, क्योंकि तब इराक को अमरीका का निर्विरोध सामना करना पड़ेगा। इस संदर्भ में उसका राजनयिक आकलन प्रमुख रूप से गलत साबित हुआ; लेकिन उसकी भविष्यवाणी सच निकली, कम-से-कम तब तक, जब तक अफगानिस्तान और इराक में वाशिंगटन द्वारा अपने लक्ष्य की प्राप्ति में विफल हो जाने तक अमरीकी सैन्य शक्ति के प्रति धारणा गलत साबित नहीं हुई।

हो सकता है कि सीरिया और इराक की बिगड़ती हुई स्थिति अब इतनी आगे पहुँच गई हो कि सचमुच में एक राज्य की पुनः स्थापना नहीं की जा सकती है। इराक बिखर रहा है। उत्तर के तेल समृद्ध शहर किरकुक पर कब्जा करने के बाद, जिसे वे लंबे समय से अपनी राजधानी होने का दावा करते रहे हैं, कुर्द इसे या अन्य विवादास्पद क्षेत्र को कभी भी समर्पित नहीं लौटाएँगे, जहाँ से उनका जातीय रूप से सफाया कर दिया गया हो। इसी बीच इराक के मध्यवर्ती और उत्तरी सुन्नी बहुल अरब मुख्य भूमि पर से इराकी सेना के विघटन के साथ ही उनका नियंत्रण कमजोर पड़ गया। हो सकता है कि सरकार राजधानी और सुदूर दक्षिण के शिया बहुल प्रांतों पर अपनी पकड़ बनाए रखे; लेकिन पूरे देश में सुन्नी बहुल गाँवों और कस्बों में अपनी सत्ता को पुनः स्थापित करने में बहुत कठिनाई होगी।

इराक के उपराष्ट्रीय सुरक्षा सलाहकार डॉ. सफा रसूल हुसैन ने मुझे बताया कि जब ISIS के 100 लड़ाके किसी क्षेत्र पर कब्जा करते हैं तो सामान्य रूप से वे अपने बलों के पाँच या दस गुना ज्यादा लोगों की भरती करते हैं। वे मोरचे पर लड़नेवाले लड़ाकू नहीं होते हैं और हो सकता है कि वे सिर्फ अपने परिवारों की रक्षा के लिए इसमें भरती हुए हों; लेकिन इससे ISIS की संख्या में तेजी से वृद्धि होती है।

इराकी सरकार के लिए बाहरी समर्थन अनपेक्षित है। जितना ईरान का विदेशी हस्तक्षेप संभव है, उतना ही अमरीका का भी है। एक शिया बहुल पड़ोसी देश होने के कारण तेहरान के लिए सीरिया से ज्यादा इराक का महत्त्व है और सन् 2003 के हमले के बाद ईरान बगदाद में सबसे प्रभावशाली विदेशी शक्ति के रूप में उभरा है। ईरानी राष्ट्रपति हसन रूहानी ने कहा है कि ईरान ISIS की हिंसा और आतंकवाद से लड़ने के लिए काम करेगा। वास्तव में एक सप्ताह तक इराक में यह अफवाह फैली रही, जिसमें यह दावा किया गया कि ईरानी फौजें पहले से ही इराक में मौजूद हैं, लेकिन वास्तविक अवलोकन में इसकी पुष्टि नहीं हो पाई। अमरीका के लिए घर पर युद्ध की थकान के कारण जमीनी सैनिकों की वापसी की कोई उम्मीद नहीं थी, लेकिन सलाहकार भेजे जा रहे थे। यहाँ तक कि हवाई हमले की समस्या भी विकट रूप से बनी है, क्योंकि ISIS गुरिल्ला सैनिकों के रूप में कार्य करते हैं, जिसमें सैनिकों की गतिविधियाँ या साज-सामान दृष्टिगोचर नहीं होते, जिन पर निशाना साधा जा सके। दृष्टि क्षेत्र से दूर रहने गें इसके नेतृत्व का अच्छा अभ्यास है। ISIS के आक्रमण सफल रहे, क्योंकि इसमें पूर्व इराकी सेना के बागी अधिकारी भी शामिल हो गए, जो अमेरिकियों और पूरे देश के सुन्नी बहुल गाँवों व कस्बों के युवाओं के विरुद्ध लड़े थे। इस तरह के बलों पर लड़ाकू विमानों या मानव संचालित विमानों द्वारा आक्रमण से सुन्नी समुदाय उत्तेजित होगा

और यदि अमरीकी हवाई हमले में ISIS के लड़ाके मारे जाने शुरू होते हैं तो बदला लेने में अपनी क्रूरता के विख्यात संगठन को अमरीकी ठिकानों को नष्ट करने के लिए अपने लड़ाकों को भेजने में देर नहीं लगेगी। किसी भी स्थिति में अमरीकी सेना की सफलता की संभावना बहुत ही क्षीण है। यह याद रखना भी आवश्यक है कि पूरे देश में अपने हवाई अड्डे और जमीन पर 1,50,000 सैनिकों के साथ भी अमेरिका आठ वर्ष लंबी लड़ाई जीतने में विफल रहा; आज तो उसके पास इनमें से कुछ भी नहीं है।

इसके अलावा इस बात की संभावना भी कम ही है कि अमरीका सुन्नी अल्पसंख्यकों के विरुद्ध शिया प्रभुत्व के संरक्षक के रूप में उभरना चाहेगा, विशेषकर बगदाद में एक ऐसी सरकार की मौजूदगी में, जो उतनी ही सांप्रदायिक, भ्रष्ट और निकम्मी है, जितनी सद्दाम की सरकार रही। हो सकता है, राज्य द्वारा उतनी हिंसा नहीं की जा रही हो, जितनी सन् 2003 के पहले की जा रही थी; लेकिन ऐसा सिर्फ इसलिए हुआ, क्योंकि राज्य की स्थिति कमजोर हो गई है। मलिकी सरकार के तरीके समान रूप से बर्बर हैं, इराक की जेलें ऐसे लोगों से भरी हुई हैं, जिन्होंने प्रताड़ना या धमकी के कारण अपना अपराध स्वीकार किया है। फालुजा के निकट सुन्नी बहुल गाँव ऐसे परिवारों से भरे पड़े हैं, जिनके पुत्र मौत के कगार पर हैं। एक इराकी बुद्धिजीवी, ने अबू गरीब की जेल में एक म्यूजियम खोलने की योजना बनाई थी, ताकि इराक के लोग सद्दाम हुसैन के शासनकाल की बर्बरताओं को कभी भूल नहीं पाए; लेकिन उन्होंने पाया कि जेल में जगह ही नहीं थी। जेल नए कैदियों से भरी हुई थी। इराक अभी भी अद्भुत रूप से खतरनाक जगह है। यह बात भी कल्पना से परे थी कि सद्दाम के पतन के दस साल बाद भी आप बगदाद में 100 डॉलर देकर किसी को भी मरवा सकते हैं।

जिस तरह से इराक का शिया, सुन्नी और कुर्दिश क्षेत्रों में विघटन

हो रहा था, इस प्रक्रिया के हिंसक और पीड़ादायक होने की संभावना थी। जहाँ जनसंख्या मिली-जुली हो, वहाँ सांप्रदायिक टकराव को रोका नहीं जा सकता है, जैसा कि बगदाद और उसके आस-पास के हालात हैं, जिसकी जनसंख्या 70 लाख है। इस बात की संभावना नहीं लगती है कि व्यापक खून-खराबे, कई लाख लोगों के शरणार्थी बने बिना देश का विभाजन हो पाएगा। सन् 1947 में भारत के विभाजन के समान अति पीड़ादायक, हिंसक परिणाम इराक में भी निकल सकता है।

सीरिया की स्थिति भी अत्यंत खराब है। किसी भी प्रकार की शांति वार्त्ता सभी को स्वीकार्य हो, इसके लिए अनेक लड़ाइयाँ भी लड़ी गईं और बहुत सारे खिलाड़ी भी इसमें शामिल हो गए हैं। बारंबार इसकी स्थिति की तुलना लेबनान के गृहयुद्ध से की जाती है, जो सन् 1975 से 1990 तक चली। इससे राहत देनेवाली यह शिक्षा मिली कि यद्यपि गृहयुद्ध हिंसक था, लेकिन सभी पक्ष लड़ाई से इतना थक गए थे कि उन्होंने अपने-अपने हथियार डाल दिए। लेकिन युद्ध की समाप्ति बिलकुल इसी प्रकार से नहीं हुई, सन् 1990 में जब सद्दाम हुसैन ने कुवैत पर हमला किया तब सीरिया उसे खदेड़ने के लिए संयुक्त राज्य के नेतृत्व वाले गठबंधन में शामिल हो गया। परिणामस्वरूप वाशिंगटन को लेबनान में अपने शासन के विरुद्ध सीरिया के प्रतिरोध को झेलना पड़ा।

इस बात में कोई संदेह नहीं कि सीरिया के निवासी चाहे देश के भीतर या बाहर कहीं भी हों, वे गृहयुद्ध से इतना थक गए थे और उनका मनोबल इतना गिर गया था कि वे इसे समाप्त करने के लिए कुछ भी करने के लिए तत्पर थे। लेकिन वे अब अपने भाग्य का फैसला खुद करने की स्थिति में नहीं थे। सऊदी अरब और कतर एक नए 'उदारवादी सैन्य विपक्ष' को प्रशिक्षित और अस्त्र-शस्त्र से लैस कर रहे हैं, जो कथित रूप से असद और ISIS तथा अल कायदा की तरह के अन्य

समूहों से लड़ेगा। लेकिन अभी यह बात स्पष्ट नहीं है कि 'उदारवादी' सैन्य विपक्ष के पास विदेशी शक्तियों के बिल्ली के पंजे के सिवाय और भी कोई ताकत होगी।

यह तो समय ही बताएगा कि असद सीरिया के वर्तमान गतिरोध को तोड़ने में कितने शक्तिशाली हैं; यद्यपि इसकी संभावना नहीं लगती है। अभी तक सीरियाई सेनाओं के लड़ाकू बल एक समय में केवल एक ही मोरचे पर लड़ने में समर्थ रहे हैं; जबकि यह लगातार स्पष्ट होता जा रहा था कि अल कायदा की तरह के आंदोलन, प्रमुख रूप से आई.एस.आई.एस., जे.ए.एन., अहरार अल-शाम इराक और तुर्की से लगती सीरिया की सीमा में स्वतंत्र रूप से गतिविधियाँ चला सकते हैं।

जब तक गृहयुद्ध जारी रहता है, अल कायदा जैसे उन्मादी समूह, अपने लड़ाकों के समूह के साथ, जो अपना जीवन बलिदान करने के लिए तैयार रहते हैं, की स्थिति उदारवादियों की तुलना में हमेशा ही मजबूत रहेगी, जबकि हो सकता है उदारवादी बातचीत के लिए ज्यादा खुले हों। इस स्थिति में सीरिया के जनमत का महत्त्व निरंतर कम होता जा रहा है। फिर भी इसका अन्य चीजों के लिए महत्त्व है। सन् 2014 की गरमियों के आरंभिक दिनों में सीरिया में घटित होनेवाली सकारात्मक घटनाओं में एक घटना ओल्ड सिटी ऑफ होम्स से 1,200 लड़ाकों का निकाला जाना था, जिन्हें विद्रोहियों के नेतृत्ववाले क्षेत्र में अपने व्यक्तिगत हथियार लाने की अनुमति थी; जबकि इसी सीमा पर दो शिया बहुल शहरों में सरकार का समर्थन था। वे थे—जहरा और नुब्ल। उनको विपक्षियों ने दो वर्षों तक घेरे रखा। उन दोनों शहरों के समर्थक मानवतावादी रक्षार्थ मिलते रहे। इसके लिए अलेपो और लटाकिया में सत्तर बंधकों को छोड़ दिया गया। इस बात से प्रोत्साहन मिलता है कि विभिन्न विद्रोही समूह बातचीत करने और किसी समझौते को लागू करने के लिए पर्याप्त रूप से तालमेल

बिठाने वाले थे; एक ऐसी चीज, जिसे असंभव माना जा रहा था। इस तरह की स्थानीय शांति वार्त्ता पूरी तरह से लड़ाई को नहीं रोक सकती है; लेकिन वह इस रास्ते पर कई जानें बचा सकती है।

सत्ता में आनेवाले इन मजहबी दलों में से कोई भी, चाहे वह सन् 2005 में इराक में हो या सन् 2012 में मिस्र में हो, अपनी शक्ति को मजबूत नहीं कर सका। विद्रोही हर जगह राज्य के उन शत्रुओं से समर्थन की तलाश कर रहे थे, जिनको वे सत्ता से उखाड़ फेंकना चाहते थे। सीरिया के विपक्षी अपने संरक्षकों के मतभेद और नीतियों को ही प्रतिबिंबित कर सकते हैं। विपक्षी आंदोलनों के प्रति राज्य के प्रतिरोध का इतनी तेजी से सैन्यीकरण हो गया कि उन्हें एक अनुभवी राष्ट्रीय नेतृत्व और राजनीतिक तत्त्व विकसित करने का समय ही नहीं मिला। राष्ट्रवाद व साम्यवाद के प्रति अविश्वास और अमरीका को खुश करने के लिए वह कहना, जो उसे पसंद है, का आशय यह था कि घटनाओं पर उनका कोई नियंत्रण नहीं था। उनमें गैर-सत्तावादी राष्ट्र-राज्य की दूरदर्शिता का अभाव था, जिससे वे ISIS के सुन्नी आतंकवादी और खाड़ी के तेल समृद्ध देशों की वित्तीय सहायता पर चलनेवाले इस तरह के अन्य आंदोलनों के साथ प्रतिस्पर्धा करने में समर्थ हो सकते थे। अब इसका परिणाम पूरे इराक में फैल चुका है। मध्य-पूर्व उफान के एक ऐसे लंबे समय में प्रवेश कर रहा है, जिसमें क्रांति के प्रति विरोध को करना व सुदृढीकरण उतना ही कठिन साबित हो सकता है जितना कि स्वयं क्रांति को संघटित करना।

□

उपसंहार

ISIS द्वारा सीरिया के कुर्दिश कस्बे कोबानी की घेराबंदी, जो इस पुस्तक को लिखे जाने तक जारी थी, जेहादियों के बढ़ते कदम पर पहली गंभीर रोक थी। चार महीनों में उन्हें एक के बाद एक विजय मिलती रही है। गरमी में तेज आंदोलन द्वारा ISIS ने इराकी एवं सीरियाई फौजों सहित सीरियाई विद्रोहियों और इराकी कुर्दिश गुरिल्ला संगठन को पराजित किया। इसने एक ऐसे राज्य का निर्माण किया, जो बगदाद से एलेपो और तुर्की से लगती सीरिया की सीमा से इराक के पश्चिमी मरुस्थल तक फैला हुआ था।

सिंजर के यजीदी और मोसुल के चालदीन ईसाई जैसे जातीय एवं धार्मिक समूह, जिसके बारे में विश्व ने कभी सुना नहीं था और न ही इसकी उसे जानकारी थी, ISIS की क्रूरता और सांप्रदायिक धर्मांधता के शिकार बन गए थे। सितंबर में सीरिया के 25 लाख कुर्दों की बारी थी, जिसने तुर्की की सीमा के ठीक दक्षिण में उत्तरी सीरिया के तीन प्रांतों में वस्तुतः स्वायत्तता हासिल कर ली थी। इनमें से एक प्रांत, कोबानी कस्बे में स्थित आक्रमण का निशाना बन गया। 6 अक्तूबर तक ISIS के लड़ाकू शहर के काफी अंदर तक घुस गए थे और अवश्यंभावी पतन की भविष्यवाणी तुर्की राष्ट्रपति रिसेप तैयिप इरडोगन द्वारा की गई थी; जबकि अमरीकी विदेश मंत्री जॉन केरी ने कोबानी के 'दु:खांत' के बारे

में कहा, लेकिन इसके कब्जे के महत्त्व को परेशानी के साथ कम करके बताया। जब एक जानी-मानी कुर्दिश लड़ाकू एरिन मिरकान ने खुद को बढ़ते ISIS लड़ाकों से घिरा पाया तो खुद को उड़ा लिया। यह निराशा और सन्निकट पराजय का संकेत लगता था।

यह भी लगता है कि अमरीका की इसलामिक स्टेट से लड़ने की योजना तब निष्फल रही, जब बगदाद के पश्चिम में इराकी सेना को भारी पराजय देने के अलावा यह संगठन कोबानी पर नियंत्रण के करीब भी पहुँच गया। इराक में 8 अगस्त को और सीरिया में 23 सितंबर को अमरीका के नेतृत्व में ISIS के विरुद्ध किए गए हवाई हमले उतने प्रभावशाली नहीं थे, जितनी की अपेक्षा थी और राष्ट्रपति ओबामा को आतंकवादियों को 'तबाह व बरबाद' करने की योजना का पहला संकेत भी नहीं मिला। सीरिया और इराक दोनों जगह ISIS का नियंत्रण घटने की बजाय बढ़ ही रहा था।

ISIS के लड़ाके शहर के बचे हुए रक्षकों के ऊपर निर्णायक विजय प्राप्त करने की कोशिश में कोबानी की ओर तेजी से बढ़ रहे थे। जेहादी सड़क पर की लड़ाई और हवाई हमले से भारी नुकसान पहुँचाना चाहते थे, ताकि इराक के दूसरे सबसे बड़े शहर मोसुल पर कब्जा करने की उनकी विजय शृंखला में एक और विजय जुड़ सकें। कट्टरपंथी आंदोलनों को इस भावना से शक्ति मिलती है कि इसकी विजयों से कुछ अवश्यंभावी और दैवी प्रेरणा भी मिलती है या तो ये मोसुल के वरिष्ठ सदस्यों के विरुद्ध हों या कोबानी के हवाई हमले के विरुद्ध।

कोबानी पर ISIS की संभावित विजय के मद्देनजर अमरीकी अधिकारियों ने शहर के सीरियाई कुर्दों को बचाने में अपने देश की नाकामी के बारे में समझाने की कोशिश की, जो कि शायद सीरिया में जेहादियों के सबसे कट्टर विरोधी हैं। "सीरिया में हमारा लक्ष्य (इसलामिक स्टेट को) अपनी ताकत दिखाने, कुछ संभावित करने, खुद

को बचाए रखने और खुद को संसाधनों की आपूर्ति करने की क्षमता को तोड़ना है।'' अमरीका के राष्ट्रीय उप-सुरक्षा सलाहकार टोनी ब्लिंकन ने अपनी पराजय को छुपाने के लिए तैयार रणनीति के एक अंश के रूप में अपनी भेंटवार्त्ता में बताया। दुःखद सच यह है कि यह करने के क्रम में कोबानी जैसी जगहें भी आएँगी, जहाँ हम हो सकता है कि प्रभावशाली ढंग से लड़ सकें या न भी लड़ सकें।

यह कभी हुआ नहीं। ओबामा के आंदोलन की ताकत को तोड़ कर नष्ट करने के बारे में ओबामा के वाक्-चातुर्य के बाद वाशिंगटन ISIS की अन्य विजय को रोक पाया हो। 19 अक्तूबर को अमरीका के C -130 विमान द्वारा कोबानी में विद्रोहियों को रोकने के लिए 21 टन हथियार और गोला-बारूद गिराए गए। ठीक इसी समय तुर्की कोबानी में सीरियाई कुर्दिश रक्षकों के प्रति अपनी पूर्व की शत्रुता के प्रति पलटता हुआ प्रतीत हुआ और यह घोषणा की कि वे कुर्दिश गुरिल्ला संगठनों की एक टुकड़ी को तबाह करते हुए इस शहर को सुदृढ बनाने की अनुमति देगा।

कोबानी का पतन फिर भी नहीं हुआ, यद्यपि ISIS के लड़ाकों को शहर के बहुत बड़े हिस्से से खदेड़ दिया गया था। दुर्भाग्यवश, अमरीका के लिए यह एकमात्र ऐसी जगह नहीं थी, जहाँ हवाई हमले आतंकवादियों को रोकने में विफल हो रहे थे। इराक पर 2 अक्तूबर को किए गए हमले में, जिसकी बाहरी दुनिया को बहुत कम जानकारी है, ISIS का लगभग सभी शहरों और कस्बों पर कब्जा हो गया, जिन पर अनबर प्रांत में इसके पहले कब्जा नहीं था, यह इराक के पश्चिम में देश का एक-चौथाई भाग है, इसने हित नामक शहर पर कब्जा कर लिया था और प्रांतीय राजधानी रमादी के बहुत बड़े हिस्से पर भी, जिसके लिए इसने लंबी लड़ाई लड़ी थी। बगदाद के पश्चिम में फरात नदी पर या इसके आसपास के अन्य कस्बों, शहरों और अड्डों का

कुछ ही दिनों में पतन हो गया, प्राय: कभी-कभी उन्हें इराकी सेना के हलके प्रतिरोध का सामना भी करना पड़ा, जो अमरीकी हवाई समर्थन के बावजूद हमेशा की तरह बेकार ही साबित हुआ। शीघ्र ही हदीथ नगर और हित के निकट अल-असद सैन्य अड्डा ही अब इराकी सरकार के पास बचा था। एक अध्ययन, जिसका शीर्षक है—'इसलामिक स्टेट ने अधिकांश अनबर प्रांत पर नियंत्रण किया, इराक के सुरक्षा बलों का पतन हो गया।' जोएल विंग ने यह निष्कर्ष दिया है कि यह ISIS के लिए एक बड़ी विजय थी, क्योंकि इससे विद्रोहियों का अनबर पर वास्तविक नियंत्रण होता है और पश्चिमी बगदाद के लिए गंभीर खतरा पैदा होता है।

सन् 2003 में अनबर की लड़ाई, इराक पर अमरीकी कब्जे के बाद सुन्नी विद्रोहियों का अमरीका के विरुद्ध लक्ष्य रहा है, उसका ISIS के लिए निर्णायक विजय के साथ अंत हुआ। उसका जनवरी में अनबर के बहुत बड़े भाग पर कब्जा हो गया और निराशाजनक रूप से सरकार का जवाबी हमला असफल रहा, जिसमें वर्ष के पहले छह माह में हताहतों की संख्या 5,000 रही। प्रांत की 15 लाख की आबादी में से आधी तो भागकर शरणार्थी बन गई। हो सकता है कि अगला निशाना पश्चिमी बगदाद का सुन्नी बहुल क्षेत्र रहा हो, जो शहर के बाहरी सीमा पर अबू गरीब से शुरू होकर राजधानी के केंद्र तक फैला हुआ था।

इराक की सरकार और उसके विदेशी सहयोगियों को इस बात से राहत मिल रही है कि वे देश के मध्य और उत्तर में ISIS के विरुद्ध कुछ बढ़त बनाने में सफल रहे हैं। लेकिन उन्हें बगदाद के उत्तर और उत्तर-पूर्व में सफलताएँ इराकी सेना की सहायता से नहीं मिली हैं, बल्कि शिया लड़ाकों की वजह से मिली हैं, जो ISIS और बाकी सुन्नी जनसंख्या में कोई अंतर नहीं करते हैं। दियाला जैसे मिश्रित जनसंख्यावाले प्रांत में सुन्नियों से छुटकारा पाने की बातें वे खुलेआम करते हैं। इसका परिणाम

यह है कि, यदि उन्हें जीवित रहना है तो इराक में सुन्नियों के ISIS का समर्थन करने या मात्र जाने के सिवाय और कोई अन्य विकल्प नहीं है। उत्तर-पश्चिम में सीरिया की सीमा से लगते मोसुल की भी यही स्थिति है, जहाँ इराक की कुर्दिश सेना ने अमरीकी हवाई हमले की सहायता से राबिया की महत्त्वपूर्ण सीमा पर पुनः नियंत्रण प्राप्त कर लिया, लेकिन कस्बे में एकमात्र सुन्नी अरबी बच गया। इराक और सीरिया दोनों देशों के युद्ध में जातीय और सांप्रदायिक सफाया आम बात है।

कोबानी की घेराबंदी में ISIS से लड़ रहे अमरीकी नेतृत्ववाले गठबंधन की कमजोरियाँ सामने आ गईं। सीरिया में बमबारी की शुरुआत में ही राष्ट्रपति ओबामा ने क्षेत्रीय सुन्नी शक्तियों जैसे तुर्की, सऊदी अरब, कतर, जार्डन, सं. अरब अमीरात और बहरीन के गठबंधन को एक साथ लाकर बड़ा गर्व अनुभव किया था; लेकिन इन सभी देशों का एजेंडा अमरीका से भिन्न है और ISIS को नष्ट करना उनकी पहली प्राथमिकता नहीं है। हो सकता है कि अरब के सुन्नी राजतंत्र ISIS को पसंद नहीं करते हों, जैसा कि राजनीतिक पर्यवेक्षक ने कहा, ''उन्हें यह बात पसंद है कि उनकी तुलना में ISIS शियाओं के लिए ज्यादा समस्याएँ खड़ी करता है।''

कथित रूप से अमेरिका के पक्ष में इकट्ठे हो रहे देशों में कुल मिलाकर तुर्की ही सबसे महत्त्वपूर्ण है। इसकी 510 मील लंबी सीमा सीरिया के साथ लगती है, जिससे होकर ISIS सहित हर तरह के विद्रोही, जिसमें जबहत अल-नुसरा भी शामिल है, आसानी से पार कर सकते हैं। इस वर्ष तुर्की ने सीमा सुरक्षा को थोड़ा कड़ा किया है; लेकिन गरमियों में मिली इसकी सफलता के बाद ISIS को बाहरी आपूर्ति, शरण या जेहादियों की अब उस हद तक कोई जरूरत नहीं, जैसा कि इसे कभी हुआ करती थी। कोबानी की घेराबंदी के क्रम में यह स्पष्ट हो गया कि तुर्की को यह महसूस हुआ कि सीरिया के कुर्दिश राजनीतिक

और सैन्य संगठनों, डेमोक्रेटिक यूनियन पार्टी और पीपुल्स प्रोटेक्शन यूनिट्स से इसलामी कट्टरपंथियों को ज्यादा खतरा है।

इसके अलावा दी पीवाईडी 'द कुर्दिस्तान वर्क' में पार्टी की सीरियाई शाखा है, जो सन् 1984 से तुर्की के कुर्दिश में स्वराज्य के लिए लड़ रही है। जब से सरकारी बल कुर्दिश क्षेत्रों से तुर्की की लगती सीमा से सन् 2012 में वापस बुला लिये गए हैं, अंकारा की अपनी 1.5 करोड़ शक्तिशाली कुर्दिश आबादी के स्वराज्य के अधीन जाने से भयभीत है। राष्ट्रपति इरडोगन स्पष्ट रूप से कोबानी को 'द पीवाईडी' की अपेक्षा ISIS के अधीन रखने को वरीयता देंगे। कोबानी में लड़ रहे पाँच पीवाईडी सदस्यों को तुर्की सेना ने तब पकड़ लिया, जब उन्होंने अक्तूबर में सीमा पार की थी। उनका 'अलगाववादी आतंकवादी' कहकर परित्याग किया गया था।

तुर्की सहयोग देने की एवज में अमरीका से इसकी अच्छी कीमत चाहता है। उदाहरण के लिए, सीरिया के भीतर तुर्की-नियंत्रित क्षेत्र, जहाँ सीरियाई शरणार्थियों को रहने की अनुमति हो और असद-विरोधी विद्रोहियों को प्रशिक्षण मिले। इरडोगन एक नो फलाई जोन चाहेंगे, जो दमिश्क की सरकार के विरुद्ध एक अन्य कदम होगा, क्योंकि ISIS के पास वायुसेना नहीं है। यदि यह लागू होता है तो इसका अभिप्राय यह होगा कि अमरीका के समर्थन से तुर्की सीरिया के गृहयुद्ध में विद्रोहियों की ओर से शामिल होगा; यद्यपि असद-विरोधी बलों पर आई.एस. आई.एस. का दबदबा है और जबहत अल-नुसरा का भी, जो अल कायदा से संबद्ध है। अल कायदा ने सरकार के नियंत्रणवाले इदलिब की प्रांतीय राजधानी पर 27 अक्तूबर को किए गए आक्रमण का नेतृत्व किया, जो लगभग सफल रहा और जिसमें 70 सरकारी अफसरों को उनके मुख्यालय में फाँसी दे दी गई।

तुर्की की योजना पर गौर करते वक्त इस बात पर ध्यान देना जरूरी

है कि सन् 2011 से सीरिया में इसकी काररवाई साम्राज्यवादी मूर्खतापूर्ण विश्वास और हास्यास्पद अकुशलता मिश्रित आत्म–पराजय थी। विद्रोह के आरंभ में सरकार और उसके विरोधियों के बीच में संतुलन हो सकता था। लेकिन उसके बदले संकट में सैन्यकरण को समर्थन दिया गया, जेहादियों को समर्थन दिया गया और यह सोच लिया कि शीघ्र ही असद का पतन हो जाएगा। ऐसा हुआ नहीं, इस लोकप्रिय विद्रोह में सांप्रदायिक लड़ाकों का प्रभुत्व हो गया, जिन्हें तुर्की द्वारा पैदा की गई परिस्थितियों में बढ़ावा मिला। पहले तो इरडोगन तुर्की के कुर्दों के गुस्से की अनदेखी करते लग रहे थे, जिसे वे उनके सीरिया के कुर्दों के विरुद्ध ISIS की मदद के रूप में देखते हैं।

तुर्की में शांति प्रक्रिया, जिसने पी.के.के. साथ सन् 2013 से युद्ध–विराम को बनाए रखा और जो अब विफल होने के कगार पर है। अंकारा को इसकी ज्यादा चिंता क्यों नहीं है? उसे यह विश्वास हो सकता है कि पी.के. के. सीरिया की लड़ाई में इतनी बुरी तरह उलझा हुआ है कि वह दूसरे मोरचे पर लड़ाई नहीं कर सकता है। दूसरी ओर, यदि तुर्की असद के विरुद्ध सीरिया के गृहयुद्ध में शामिल हो जाता है, जो ईरान का एक महत्त्वपूर्ण सहयोगी है, तब ईरान के नेता यह कहेंगे कि तुर्की को इसकी कीमत अदा करनी पड़ेगी। इसका अर्थ संभवत: यह है कि तब ईरान गुप्त रूप से तुर्की में कुर्दों के सशस्त्र विद्रोह को समर्थन देगा। एक इराकी राजनेता की टिप्पणी थी, ''ईरानियों को इस तरह के युद्ध में महारत हासिल है।'' सद्दाम हुसैन ने कुछ इसी तरह की गलती इरडोगन के साथ की थी, जब उसने सन् 1980 में ईरान पर आक्रमण कर दिया। इस तरह उन्होंने ईरान को उस कुर्दिश विद्रोह को पुन: प्रज्वलित करने के लिए उकसाया, जिसे बगदाद ने सन् 1975 में शाह के साथ एक समझौते द्वारा कुचल दिया था। सीरिया में तुर्की के सैन्य हस्तक्षेप से वहाँ लड़ाई का अंत नहीं होगा, लेकिन हो सकता है

कि यह लड़ाई फैलकर तुर्की तक चली जाए।

कोबानी पर आक्रमण कर ISIS नेतृत्व यह साबित करना चाहता था कि यू.एस. के हवाई हमले के बावजूद वे शत्रुओं को पराजित करते चले जाएँगे। ISIS लड़ाकू ढिठाई के साथ तब यह कहते थे, ''इसलामिक स्टेट रहेगा, दि इसलामिक स्टेट का विस्तार होता रहेगा।'' जब वे भारी-नुकसान की भरपाई के लिए कोबानी में गए थे। विगत में, ISIS ने राजनीतिक रूप से ऐसी लड़ाइयों से स्वयं को अलग किया है, जब उन्हें यह लगा कि वे युद्ध में जीत हासिल नहीं कर सकते हैं। सन् 2014 में सीरिया के ISIS विरोधी विद्रोह में वे उस आधे क्षेत्र से वापस हो गए, जिस पर इसका नियंत्रण था। लेकिन कोबानी की पाँच सप्ताह लंबी लड़ाई शायद कुछ ज्यादा लंबी चल गई और इसका इतनी अच्छी तरह प्रचार किया गया था कि अपने सम्मान को क्षति पहुँचाए बगैर आतंकवादियों के लिए इससे निकलना कठिन था। सीरिया, इराक और सारी दुनिया के मुसलमान आंशिक रूप से 'दि इसलामिक स्टेट' की इस भावना से प्रेरित होते हैं कि अल्लाह ने हमारी 'जीत' पक्की कर रखी है, अवश्यंभावी है। इसलिए किसी प्रकार की असफलता और नुकसान की स्थिति में इसे ईश्वरीय समर्थन मिलने का इसके द्वारा दावा किया जाता है।

कोबानी पर ISIS की अंतिम विजय, जो अक्तूबर के आरंभ में अवश्यंभावी लगती थी, वह उस माह के अंत तक भी नहीं हो पाई; जबकि आतंकवादियों का यह दावा था कि प्रतिरोध के बचे-खुचे क्षेत्रों पर बस उन्हें निर्णायक विजय प्राप्त करती है। खुली लड़ाई और अमरीकी हवाई हमले से इस समूह को स्पष्ट रूप से बहुत भारी नुकसान हो रहा था। पी.के.के. की सीरियाई शाखा को साज-सामान की आपूर्ति से कुर्दों की सैन्य शक्ति और मनोबल को काफी बल मिला। व्हाइट हाउस को तुर्की द्वारा ISIS को दी जानेवाली वरीयता से काफी परेशानी थी।

पूर्व में ISIS कमांडर अपने लड़ाकों को इधर-उधर बिखराने और उनके साज-सामान को छुपाने में बहुत कुशल थे। 23 अक्तूबर तक अमरीका के नेतृत्ववाले गठबंधनों के हवाई हमलों ने 6,600 मिशन भेजे, जिसमें से केवल 632 या कुल का केवल 10 प्रतिशत ही जमीन पर लक्ष्य के विरुद्ध हवाई हमले के रूप में परिणत हो पाया। लेकिन कोबानी को उड़ाने की कोशिश में ISIS के सैन्य नेताओं को अपनी सेनाओं की पहचान किए जाने योग्य स्थिति में इकट्ठा करना पड़ा और वे आक्रमण से काफी खतरा महसूस करने लगे। उस दौरान 148 घंटे की अवधि में चालीस हवाई हमले हुए, जो कुर्दों के मोरचे से मात्र 40 गज दूर थे।

हो सकता है कि हवाई हमले के कारण कोबानी से ISIS का भागना मुश्किल हो गया हो, जैसे कि वे इरबिल और यहाँ तक कि बगदाद में भी सहज रूप से कर पाए थे, लेकिन इस परिणाम के बारे में भी संदेह था। हवाई हमले में किस हद तक सफलता मिल सकती है, इसकी एक सीमा है। अमरीकी हवाई हमले के बावजूद अक्तूबर में भी इसलामिक स्टेट का विस्तार हो रहा था, जो ISIS से लड़ रहे थे। सीरियाई सेना, जब कथित रूप से हर हाल में असद को उखाड़ फेंकने की कोशिश कर रही थी, लेकिन यदि अमरीका जेहादियों से लड़ने के प्रति गंभीर होता तो इससे इस बात का पता चलता कि उसके पास बहुत ही कम विकल्प हैं। ISIS के अनेक शत्रु हैं। उनकी संख्या इतनी अधिक है कि वे आगे चलकर ISIS को पराजित कर पाएँगे। लेकिन उनके आपस में मतभेद और उनकी वरीयताओं में अंतर का अभिप्राय है कि इसलामिक स्टेट मानचित्र पर स्थापित भौगोलिक व राजनीतिक सच्चाई बनता जा रहा है।

□□□